Karl-Heinz Bühler

Leder
prägen · schneiden · besticken

Bild Seite 2: Die ganze Familie beim Basteln mit Leder

CIP-Kurztitelaufnahme der Deutschen Bibliothek

Bühler, Karl-Heinz:
Leder prägen, schneiden, besticken / von Karl-Heinz Bühler. –
Niedernhausen/Ts. –
Falken-Verlag, 1982.
(Falken farbig)
ISBN 3-8068-5125-5

ISBN 3 8068 5125 5

© 1982 by Falken-Verlag GmbH, 6272 Niedernhausen/Ts.
Fotos: Dieter Königsfeld; Christa Knetsch, Deutsches Ledermuseum, Offenbach/Main
Illustrationen: Inge Mader (Muster und Zeichnungen)
Satz: Bauer & Bökeler Filmsatz GmbH, Denkendorf
Druck: VOD, Heidelberg

817 2635 4453 6271

Inhalt

Vorwort

Wer kennt nicht einen der ältesten und beliebtesten Naturwerkstoffe: Leder! Schon in vorchristlicher Zeit fertigten Menschen aus der gegerbten Haut von Tieren die ersten Kleidungsstücke und Sandalen.

Man begnügte sich bald nicht mehr damit, nur die Lederhaut zu gerben und daraus Gegenstände anzufertigen, sondern begann, die Oberfläche des Leders zu dekorieren und so zu verschönern.

Vor allem Völker, die vorrangig Viehzucht betrieben, drückten in das angefeuchtete Leder kunstvoll zusammengefügte Ornamente mit eisernen oder knöchernen Werkzeugen ein.
Eine sehr dekorative Technik entwickelten beispielsweise die Kopten (christliche Glaubensgemeinschaft in Ägypten) im 8. und 9. Jahrhundert, nämlich die Handvergoldung. Hierbei wird eine hauchdünne Goldfolie unterlegt, dann wird das Ornament oder Motiv mit dem Stempel auf das Leder gepreßt.
Die Technik der Oberflächenverzierung von Leder wurde im Laufe der Jahrhunderte weiter vervollkommnet. Im frühen Mittelalter wurde dann der Blind- oder Lederschnitt entwickelt.

Minnekästchen, Mitte 14. Jahrhundert, wahrscheinlich Bodenseegebiet; geprägt und bemalt.
Deutsches Ledermuseum, Offenbach am Main.

Nach einer leichten Vorzeichnung wurden Motive und Ornamente mit einem dreikantigen Messer in das Leder geschnitten, eine Technik, die auch heute die schönsten Verzierungen der Lederoberfläche möglich macht.

Der Schwerpunkt dieser Verzierung lag in der freien Gestaltung der Muster, die auch noch durch blindgeprägte (blindgeprägt: ohne Farbe oder Gold) Ornamente ergänzt wurden.

Minnekästchen aus Leder, oftmals mit kostbarem Inhalt vom Ritter der erwählten Dame geschenkt, Reliquienschreine, Truhen und andere Gegenstände wurden durch diese Lederschneidetechnik wertvoll gestaltet und zum Teil auch farbig verziert.

Vor allem Tiermotive waren zur Zeit des Mittelalters typische Muster.

Drei Jahrhunderte lang war der Lederschnitt die Schmucktechnik in Europa. Bekannt sind aus dieser Zeit die sogenannten »Mailänder Arbeiten« um die Mitte des 16. Jahrhunderts.

Die Technik der Handvergoldung wurde in Norditalien entwickelt, und in Neapel, Venedig und Ungarn wurde sie in wenigen Jahrzehnten die ausschließliche Technik für Lederdekoration. Die letzten größeren Aufträge für Handvergoldung in dieser Art wurden im ersten Kaiserreich, vom Hofstaat

Napoleons I. erteilt, wobei hauptsächlich grünes Ziegenleder als Untergrund verwendet wurde.

Um die Jahrhundertwende wurden Ledereinlegearbeiten mit Motiven des Jugendstils bevorzugt.

Auch heute haben die Techniken des Lederprägens und des Lederschneidens nichts von ihrem Reiz verloren.

Minnekästchen, nordfranzösisch oder flämisch, 2. Hälfte des 14. Jahrhunderts; Lederschnitt, Treibarbeit, Bemalung.
Deutsches Ledermuseum, Offenbach am Main.

So stehen Hobbyarbeiten mit Leder in den USA an erster Stelle. Hervorragend geprägte oder geschnittene Gürtel, Brieftaschen, Lederbilder, Sättel und vieles mehr zeigen, daß diese zeitlosen Lederarbeiten sich jedem Stil anpassen.

Auch Marokko, Spanien und Tunesien sind für ihre geprägten oder mit Schnittmustern versehenen Lederartikel bekannt.

Dieses Hobby kann heute dank einer Vielzahl von Bastelmöglichkeiten von alt und jung durchgeführt werden. Angefangen von Flechtarbeiten für Kinder bis hin zum Lederschnitt bietet es die Möglichkeit, wertvolle und unverwechselbare, zeitlose Gegenstände herzustellen, die für viele Gelegenheiten geeignet sind.

Linke Seite: Vom Schlüsselanhänger bis zur Damenhandtasche – viele Möglichkeiten der kreativen Beschäftigung sind beim Basteln mit Leder vorhanden.

Ein Kammetui mit 3 verschiedenen Prägestempeln bearbeitet und rotbraun eingefärbt.

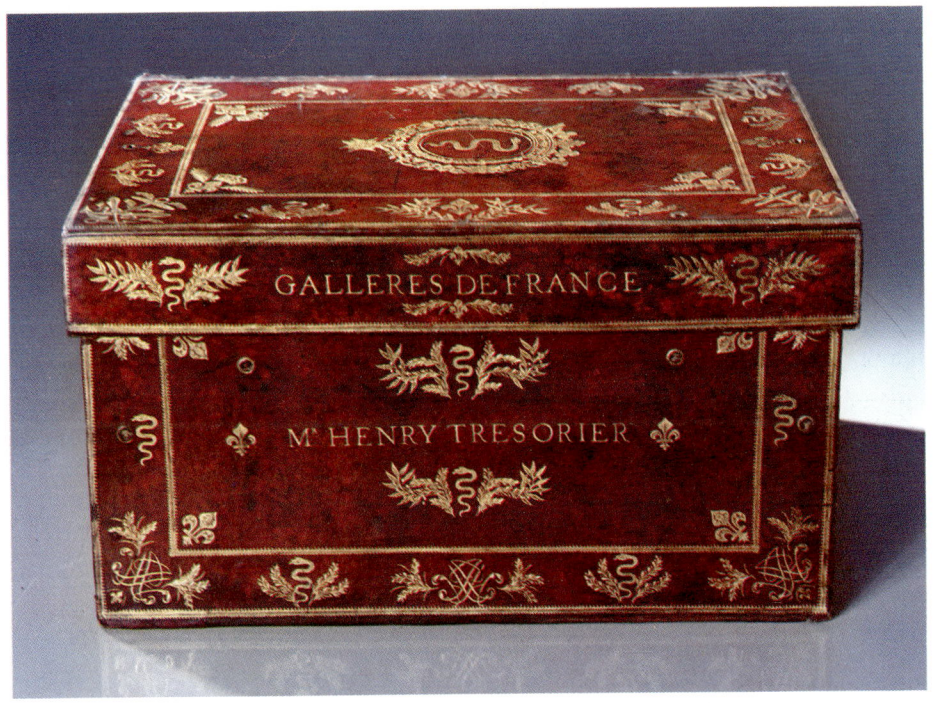

Aktenkasten für Admiral Colbert, Frankreich um 1670; Handvergoldung. Deutsches Ledermuseum, Offenbach am Main.

Kleine Lederkunde

Leder ist tierische Haut, die durch geeignete Verfahren (Gerben) und Behandlung mit entsprechenden Mitteln (Gerbstoffen) so verändert wurde, daß sie keine Fäulnis mehr entwickeln kann, beim Trocknungsvorgang nicht mehr hornartig spröde wird und durchscheinend austrocknet. Ihre anderen Eigenschaften werden durch Zurichtmethoden teils erhalten, teils gesteigert. Leder zeichnet sich durch Zähigkeit und Festigkeit aus. Dieser edle Werkstoff kann kaum durch Ersatzstoffe verdrängt werden. Es ist oftmals in Notzeiten versucht worden, das Leder durch andere Stoffe zu ersetzen, doch nie ist es gelungen, diesen Ersatzstoffen alle, das Leder auszeichnende Eigenschaften zu geben.

Da es sich hierbei um ein Naturprodukt handelt, kann nicht eine Haut der anderen »haargenau« gleichen. Natur läßt sich eben nicht gleichartig produzieren, wie künstlich hergestelltes Material. Das mag teilweise als Nachteil angesehen werden, wird aber durch die vielen Vorzüge echten Leders bei weitem widerlegt.

Der Weg von der tierischen Haut bis zum Leder ist weit. Der Fertigungsprozeß in der Gerberei ist zeitintensiv und erstreckte sich früher über Wochen, heute nur noch über mehrere Tage. Kurz zusammengefaßt laufen die Arbeitsgänge etwa wie folgt ab:

Die Haut wird zuerst durch Salze oder trocken konserviert und dann in Wasser geweicht.

Chemisch oder durch Spezialmaschinen werden Fleischreste und Haarwurzeln entfernt. Dickes Hautmaterial wird gespalten. Dann werden Salz und Säure zugegeben. Aus dem so behandelten Leder wird ein Teil des Wassers herausgepreßt. Beim folgenden Falzen wird die Lederdicke egalisiert. Daran schließen sich die Neutralisation, die Nachgerbung mit synthetischen oder pflanzlichen Gerbstoffen und eine eventuelle Färbung und Fettung an.

Das Leder wird getrocknet und durch Behandlung auf der sogenannten Stoll-Maschine weich und geschmeidig gemacht. Alle Chemikalien müssen, da Leder ein flächiges Material ist, von der Oberfläche her in das Material eindringen. Das Leder kann auch noch zusätzlich eine veredelte Schutzschicht bekommen und gebügelt werden.

Das Gerben zählt zu den ältesten Gewerben

Man weiß nicht, ob es das Schmuckbedürfnis oder vielleicht auch der Geltungsdrang eines erfolgreichen Jägers, ihn veranlaßten, sich das Fell eines erlegten Tieres um die Schultern zu legen, oder ob Klimaeinflüsse ihn zwangen, sich einen Schutz zu schaffen. Jedoch lag nahe, daß man zum Schutz gegen Kälte den natürlichen Schutz des Tieres, sein Fell, verwendete.

Doch wurde bald bemerkt, daß diese Felle, weil der Witterung ausgesetzt, faulten und leicht verderblich waren. Beim Austrocknen wurden sie hart, waren wenig biegsam und unbequem. Einer der ersten Schritte war, tierische Rohfelle mit Fetten, Ölen und insbesondere Fischtranen zu gerben. Auch zeigte sich, daß bei Häuten, die am Feuer getrocknet wurden, eine fäulnishemmende Wirkung durch den Rauch eintrat. Später kam dann die Gerbung mit pflanzlichen Gerbstoffen, z. B. mit Rindenextrakten hinzu. Alte Kulturvölker, so die Ägypter, beherrschten die Kunst der Gerbung und der Färbung schon meisterlich. Überlieferte Beweise hierfür finden sich auf zahlreichen Reliefs und Wandgemälden; auch in Grabkammern gefundene Ledergegenstände zeugen vom hohen Stand der damaligen Lederherstellung. Heute werden hauptsächlich Häute und Felle der Schlachttiere zur Ledererzeugung verwendet. Diese zeigen ebenfalls naturgemäß Unterschiede im Aussehen und in der Faserstruktur

– und damit auch selbstverständlich in der Qualität, die von vielen Faktoren, wie Alter, Geschlecht, Rasse usw., abhängig ist. Im allgemeinen wird die Faser mit zunehmendem Alter größer. Da die Haut vor allem zum Schutz des lebenden Tieres dient, hat sie oft sogenannte Naturschäden. Verletzungen durch Dorne, Stacheldraht, Hornstöße sowie offene und vernarbte Wunden durch Insektenbefall sind nicht selten. Die wichtigsten, verschiedenen Lederarten sind:

BOXCALF: geschmeidiges Leder aus der Haut junger Kälber.

RINDBOX: chromgegerbte Rinderhäute; als Oberleder für Schuhe gut geeignet.

SAFFIAN: aus fehlerfrei genarbten Häuten ostindischer Ziegen.

SÄMISCHLEDER: ein geschmeidiges, mit Tran gegerbtes Leder von Rehen, Gemsen, Gazellen, Rentieren oder Antilopen. Dieses Leder wird hauptsächlich für Handschuhe und Lederhosen verarbeitet.

NAPPALEDER: aus Ziegen-, Lamm- und Rinderhaut gegerbtes Leder. Es wird hauptsächlich in der Bekleidungsindustrie verarbeitet, ist sehr weich und dehnbar.

NUBUK: wird hauptsächlich aus Rinderhäuten und Kalbfellen hergestellt; hat ein tuchartiges Aussehen.

WILDLEDER: wird aus den Häuten von Rehen, Gemsen, Gazellen, Rentieren hergestellt und auf der Narbenseite bearbeitet (zugerichtet), bis es samtartig ist.

VELOURLEDER: meist auf der Narbenseite beschädigtes Leder. Wird auf der Innenseite (der sog. Fleischseite) geschliffen. Dieses Leder hat tuchartiges Aussehen.

Für das Basteln mit Leder kann nur naturgegerbtes (Fachausdruck: lohgar) Rindleder verwendet werden. Dies ist wichtig, denn schon manche fehlerhaften Ergebnisse nach dem Prägen oder Schneiden sind darauf zurückzuführen, daß ein falsches Leder verwendet wurde.

Arbeitsplatz und Arbeitsmaterialien für Prägearbeiten

Um gute Ergebnisse zu erzielen, sollte man sich – bevor man mit den eigentlichen Prägearbeiten beginnt – den Arbeitsplatz einrichten und die notwendigen Materialien und Hilfsmittel bereitlegen.

Arbeitsplatz

Der Arbeitsplatz sollte gut ausgeleuchtet sein. Es genügt Tageslicht vom Fenster oder normale Deckenbeleuchtung. Wichtig ist ein stabiler Arbeitstisch mit einer harten Unterlage für das Werkstück. Diese Unterlage kann aus Stein (z. B. eine Terazzo-Gehsteigplatte oder ähnliches, erhältlich in Baufachgeschäften oder Abfälle von Steinen bei Steinmetzbetrieben) oder aus Holz (z. B. dickeres Schneidebrett) bestehen. Eine weichere Unterlage ergibt meist keine tiefen Prägeabdrücke. Leder fe-

dert, und die Bearbeitung ist schwierig. Zur Lärmdämmung bei den Prägearbeiten empfiehlt es sich, eine Wolldecke unter die Steinplatte oder das Holzbrett zu legen. Auch Teppichreste oder Filz können verwendet werden.

Leder

Für die Lederarbeiten eignet sich nur lohgar(natur-)gegerbtes Rindleder. Nur dieses Leder ermöglicht tiefe und dauerhafte Prägeabdrücke. Da der Anfänger und Laie kaum erkennen kann, welches Leder chemisch und welches Leder naturgegerbt wurde, ist es besser, Bastelpackungen zu kaufen, da es sich dabei um Lederteile handelt, die für Präge- und Schneidearbeiten bestimmt sind und in einem Naturgerbeverfahren bearbeitet wurden.

Das Leder sollte – je nach Verwen-

dungszweck – unterschiedliche Stärken haben. Für größere Artikel, wie Taschen, Gürtel usw., muß dickeres Leder verwendet werden, für kleine Artikel, etwa Ausweishüllen und Etuis, ist dünneres Leder empfehlenswert. Nur die Lederoberfläche (glatte Seite) kann bearbeitet werden.

Bastelpackungen

Etwa 30–40 verschiedene Lederartikel werden bereits verpackt oder offen angeboten. Das Angebot reicht von Untersetzern, Schlüsselanhängern, bis hin zu Geldbörsen, Damenhandtaschen und Fotorahmen. Da die Teile vorgelocht und Druckknöpfe sowie andere Beschlagteile schon fest angebracht sind, kann man sich auf die wesentlichsten Arbeiten der Prägetechnik konzentrieren.

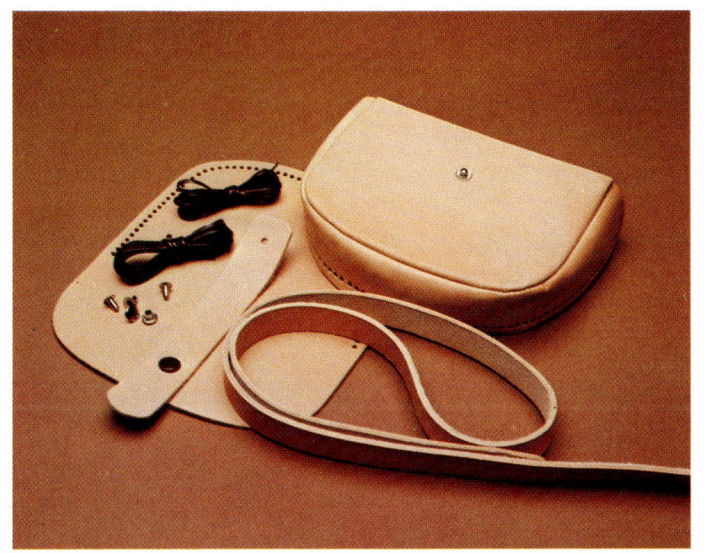

Anhand der einzelnen Lederteile von gekauften Bastelpackungen sollte vor Beginn der Präge- oder Schneidearbeiten festgelegt werden, auf welchen Teilen man Präge- oder Schneideornamente anbringen will.

Bild oben: Alle Einzelteile einer Bastelpackung für eine Diskotasche, daneben fertig geprägt.

Bild rechts: Bastelteile für ein Bild- und Ausweistäschchen.

Den kompletten Bastelpackungen sind auch Mustervorschläge beigefügt, die erste Anhaltspunkte geben, wie man auf dem Ledergegenstand Prägestempel einschlägt.

Prägestempel

Bei den Nylon-Glasfiber-Werkzeugen gibt es sowohl einzelne Prägestempel als auch Sets mit 3 Motiven und einem Griff oder Sets mit 9 verschiedenen Motiven.
Die Stahlstempel sind ebenfalls einzeln erhältlich. Hier wird zwischen silber- und goldfarbigen Prägestempeln unterschieden. Letztere haben meist etwas verspieltere Ornamente.
Auch sind Prägestempel in Stahl mit einem linken und einem rechten Ornament erhältlich, so daß man z.B. mit diesen beiden Stempeln schöne Eckkantenornamente erreicht.

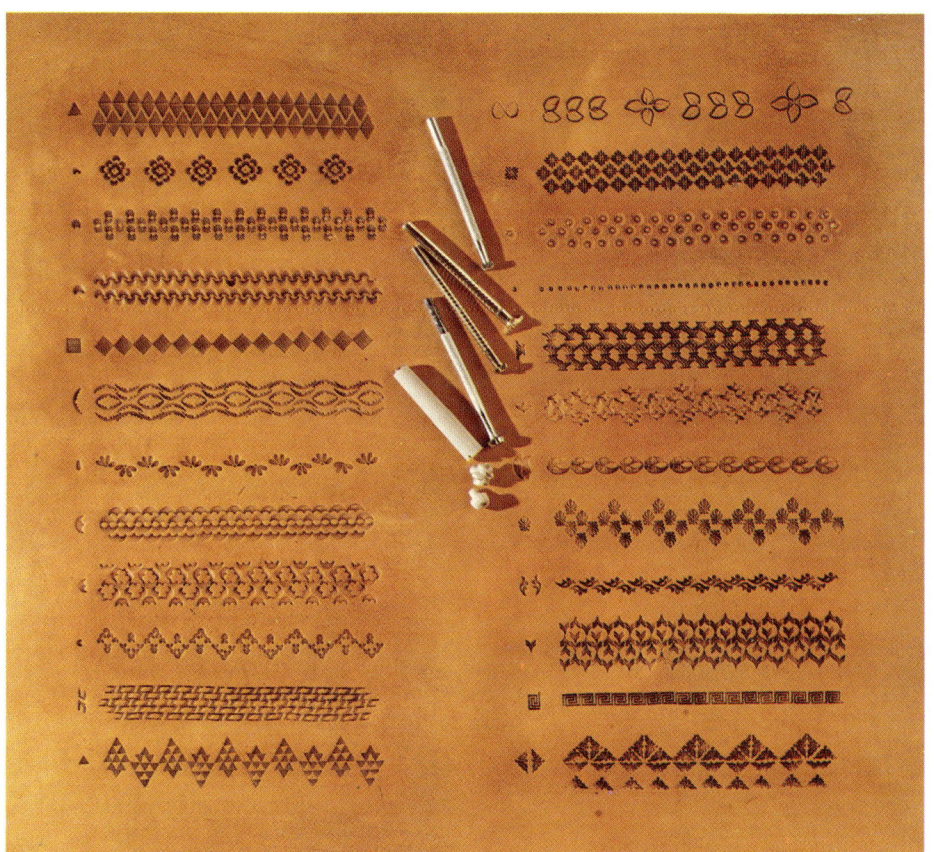

Hammer

Für Nylon-Glasfiber-Werkzeuge kann man einen Hammer mit Eisen- oder Kunststoffkappe verwenden. Ein Hammer mit einer schwereren Kappe ist sogar zu empfehlen, da Nylon-Glasfiber-Werkzeuge einen stärkeren Schlag benötigen, um die Abdrücke tief sichtbar in das Leder zu schlagen. Stahl-Prägestempel werden mit einem Holz- oder Rohhauthammer bearbeitet.

Linke und rechte Seite: Schon mit einem Prägestempel können dekorative Musterlinien gestaltet werden.

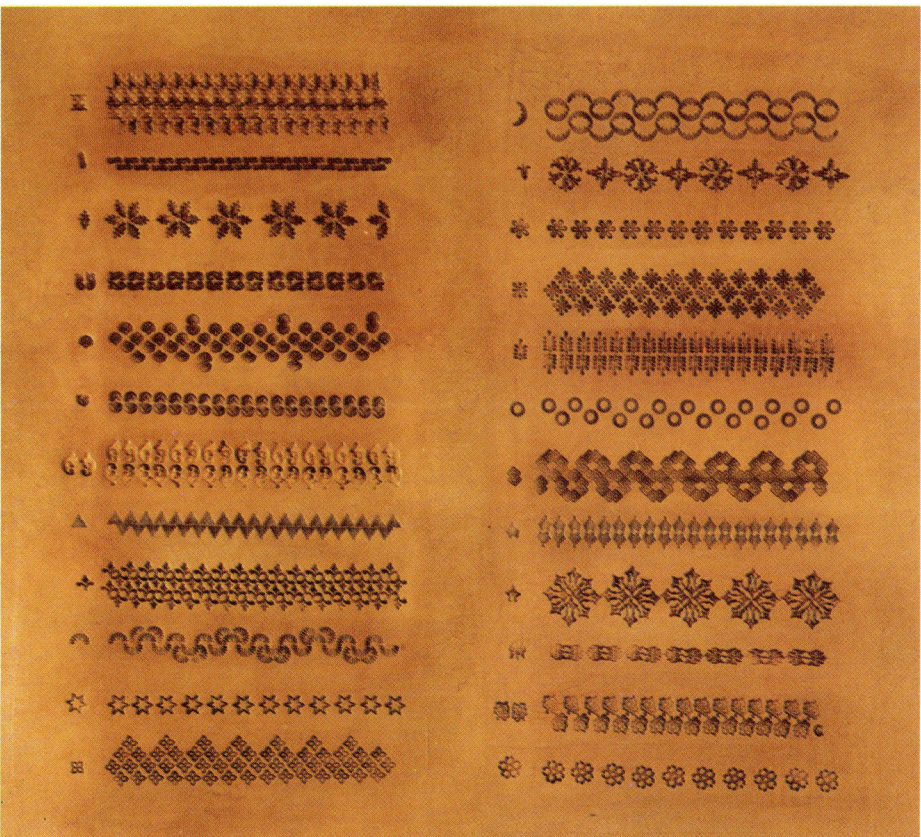

Die hier abgebildeten Prägestempel sind in Nylon- Glasfiber- oder Stahlausführung erhältlich.

Wasserschüssel und Schwamm

Der wichtigste Arbeitsgang vor jeder Präge- oder Schneidearbeit ist das Anfeuchten des Leders. Man nimmt am besten eine Wasserschüssel (möglichst aus Plastik) und einen Schwamm oder einen Lappen, um das Leder anzufeuchten.

Flechtnadel

Um das Zusammenflechten von verschiedenen Teilen zu erleichtern, benötigt man eine Flechtnadel. Damit ist das Durchstechen der einzelnen Löcher einfacher und geht schneller.

Hilfsmaterialien

Eine Häkel- oder Stricknadel oder eine leergeschriebene Kugelschreibermine, sowie Lineal und/oder Zirkel, sind gute Hilfsmittel, zum Vorzeichnen von Linien. Auf diesen Linien werden dann die Prägeabdrücke eingeschlagen. Auch Transparentpapier kann für das Aufzeichnen von Hilfslinien und das anschließende Übertragen verwendet werden.

Die Prägetechnik

Es handelt sich hierbei um eine Bearbeitungstechnik, deren fachmännischer Ausdruck »Punzieren« lautet und bei der mit gravierten Stempeln die Oberfläche des Leders verziert wird.

In Fachgeschäften für den Hobbybedarf, in Kaufhäusern oder in Heimwerkermärkten, sind Prägestempel in Stahl oder Nylon-Glasfiber erhältlich. Die Motive der preisgünstigeren Nylon-Prägestempel sind etwas größer, so daß hier ein stärkerer Hammerschlag erfolgen sollte, um die Abdrücke tief im Leder festzuhalten. Es empfiehlt sich, dazu einen stärkeren Hammer (Eisenhammer) zu verwenden. Bei den Stahlwerkzeugen sollte man möglichst nur mit einem Holz- oder Rohhauthammer arbeiten; dieser Hammer

In der Grundausstattung „Lederwerkstatt" sind diese 4 abgebildeten Lederartikel zum Prägen enthalten. Außerdem Hammer, Prägestempel, Flechtband und Lederlack.

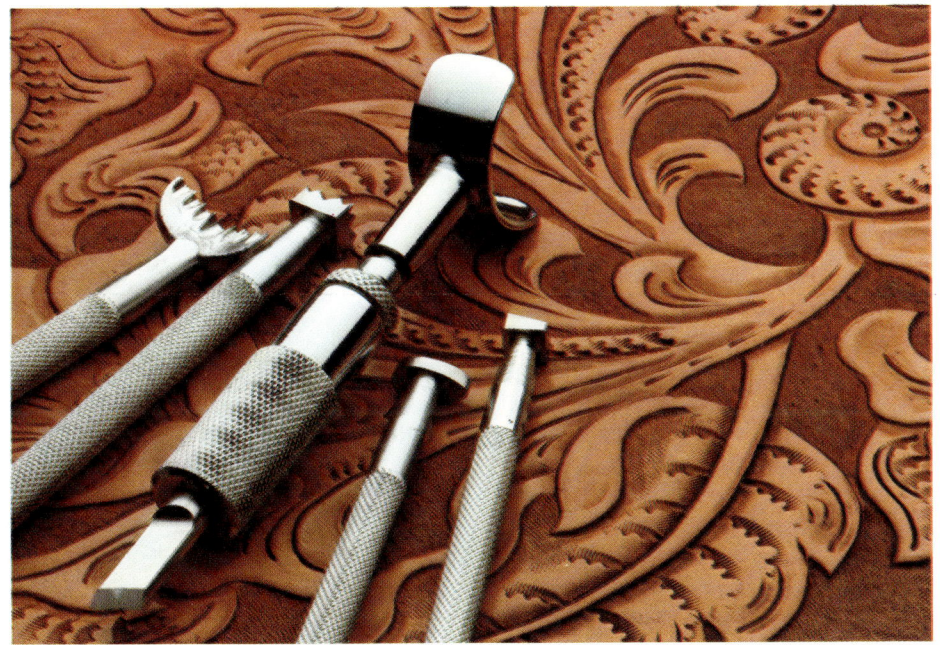

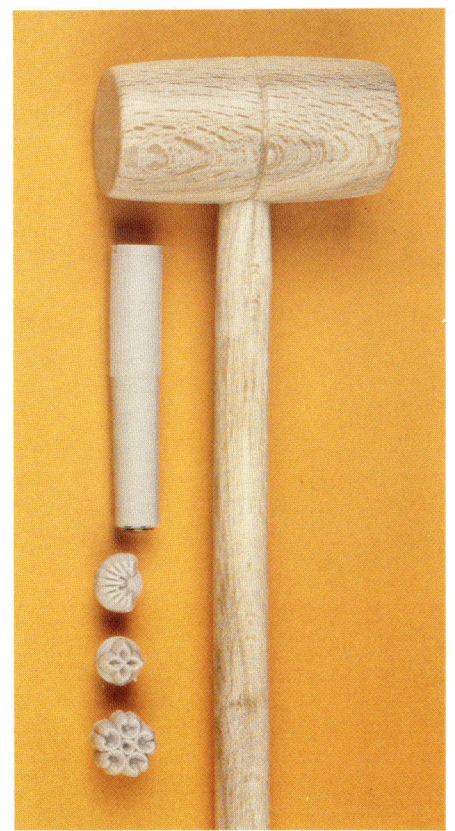

wird deshalb verwendet, weil man mit einem gewöhnlichen Hammer mit Eisenkappe die Oberfläche der Prägestempel nach kurzer Zeit schräg- oder breitgeschlagen hat und dann bei der weiteren Bearbeitung keine gleichmäßig tiefen Abdrücke mehr erreicht werden.

Es gibt etwa 50 verschiedene Motive von einzelnen Prägestempeln, so daß für jeden Geschmack die passenden Muster zusammengestellt werden können.

Einfache Prägearbeiten können schon von Kindern ab etwa 6 Jahren durchgeführt werden.

Günstige Motive für Anfänger sind Dreieck-, Fächer-, Bogen-, Halbmond- und Rosenblatt-Verzierer. Auch die im Dreier- oder Neuner-Set erhältlichen Nylon-Glasfiber-Stempel sind für den Anfänger ausreichend.

Ganz gleich, ob man sich nun für Nylon-Glasfiber oder Stahlwerkzeuge entscheidet, für den Anfang genügen wenige Werkzeuge.

Erste Übungen

Auf Leder geprägte Musterbeispiele. Mit nur wenigen Prägestempeln kann man bei etwas Geschick beim Zusammenstellen der Stempel immer wieder neue Verziermöglichkeiten entdecken.

Um die Technik des gleichmäßigen Einschlagens der Prägestempel zu üben, kann man auf einem Lederreststück oder auf einer Pappe erst einmal Übungsversuche durchführen.

Dieses Übungsstück muß vor den ersten Prägeversuchen von beiden Seiten gut angefeuchtet werden. Wichtig ist, daß ein gleichmäßiger Schlagrhythmus erreicht wird, damit die Prägeabdrücke gleichmäßig tief im Leder haften. Ein Verrutschen der Prägestempel vermeidet man, indem man die Hand fest auf das Leder legt. Sowohl beim Halten des Prägestempels als auch beim Einschlagen mit dem Hammer sollte man möglichst nicht verkrampft arbeiten. Sind die ersten Übungsversuche zur Zufriedenheit gelungen, wird mit dem Aufzeichnen des Musters bzw. der Hilfslinien begonnen.

Hilfslinien

Hilfslinien sind wichtig, um einen exakten Stand der Prägeabdrücke zu erreichen. Die Musterzusammenstellung ist in vielen Variationen möglich. Man kann außer Mustern auf einer einzelnen geraden oder gekrümmten Linie auch kombinierte Rauten-, Kreis-, Viereck- oder Dreieckmuster prägen und zusätzlich die Ecken oder Innenfläche verzieren.

Will man nur gerade Linien prägen, so werden diese Hilfslinien mit einer Häkel- oder Stricknadel, einer leergeschriebenen Kugelschreibermine oder einem anderen stumpfen Gegenstand und einem Lineal auf das angefeuchtete Leder gezeichnet. Bei weiteren Verzierungen empfiehlt sich das Vorzeichnen auf einem Zeichenpapier. Am besten zeichnet man die Umrißlinien des zu prägenden Lederartikels auf dem Zeichenpapier an und versucht dann, die Linien für die späteren Prägeabdrücke festzulegen. Hat man sich entschieden, wie die Prägungen erfolgen sollen, so nimmt man ein Transparentpapier und zeichnet sowohl die Umrißkanten, als auch die Prägelinien durch.

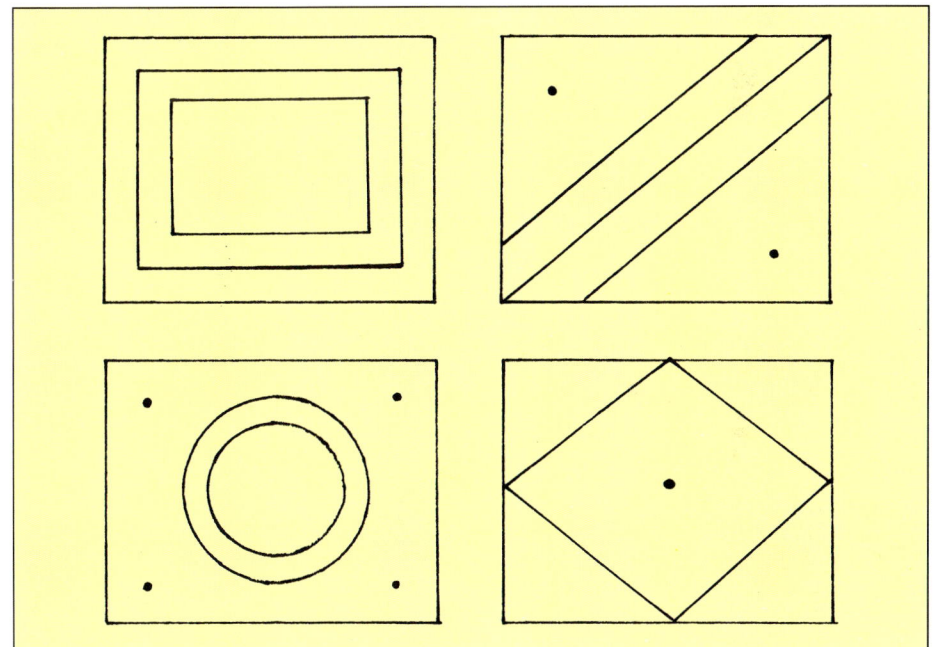

Einfache linien-, kreis- oder rautenförmig aufgezeichnete Hilfslinien erleichtern die Prägearbeiten.

Anfeuchten des Leders

Trockenes Leder ist hart und läßt sich nur schlecht bearbeiten. Naturgegerbtes Rindleder hat die Eigenschaft, Wasser aufzunehmen. Die Faser der Haut wird weich und die Lederoberfläche läßt dauerhafte Prägeabdrücke zu. Für das Befeuchten des Leders nimmt man am besten eine Wasserschüssel und einen Schwamm oder einen Lappen. Es genügt nämlich nicht, das Leder nur am Anfang zu befeuchten, es muß während der Bearbeitung immer wieder nachgefeuchtet werden, da das Wasser verdunstet.

Zuerst werden die Hilfslinien übertragen. Dazu genügt es, nur die Lederoberfläche (glatte Seite) leicht zu befeuchten. Man sollte beachten, daß das angefeuchtete Leder jegliche Abdrükke zuläßt. Während der Bearbeitung können deshalb Ringe, Armbänder oder Ketten ungewollte Kratzspuren hinterlassen.

Sind die Hilfslinien übertragen, wird vor dem weiteren Bearbeiten die Vorder- und Rückseite des Leders gut angefeuchtet. Man taucht den Schwamm ins Wasser, drückt ihn etwas aus und reibt leicht über die ganze Fläche des Leders. Später genügt es, nur den zu bearbeitenden Teil wieder nachzufeuchten.

Dickeres Leder muß stärker naß gemacht werden als dünneres. Die Unterseite (rauhe Seite) ist nur am Anfang zu befeuchten, während die Oberfläche während der Bearbeitung immer wieder naß gemacht werden muß. Wenn die Farbe der angefeuchteten Oberfläche wieder heller wird, d.h. das Wasser in das Leder eingezogen ist, muß man es wieder nachfeuchten. Man bemerkt dies auch, wenn die Prägeabdrücke schwieriger werden und man öfter einschlagen muß, um gleichtiefe Prägeabdrücke zu erreichen.

Das Wasser soll beim Befeuchten nicht auf dem Leder stehen bleiben. Wird das Leder zu naß gemacht, erhält die Oberfläche einen gräulichen Schimmer. Dann sollte man nicht weiter arbeiten, sondern abwarten, bis das Wasser etwas verdunstet ist, d.h. der gräuliche Überzug verschwunden ist.

Fotorahmen. Mit 2 Prägewerkzeugen effektvoll bearbeitet.

Hilfslinien übertragen

Ist die Oberfläche leicht angefeuchtet, kann man beginnen, die Hilfslinien vom Transparentpapier auf das Leder zu übertragen. Dazu wird das Transparentpapier mit der Bleistiftseite nach oben auf die glatte Seite des Leders gelegt. Um ein Verrutschen zu vermeiden, klebt man das Papier an den Seiten mit Klebestreifen fest. Büroklammern sollte man nicht verwenden, da diese dauerhafte Abdrücke auf dem Leder hinterlassen.

Mit einem stumpfen Gegenstand (Häkelnadel, Stricknadel, leergeschriebener Kugelschreibermine, o.ä.) werden die Linien auf dem Transparentpapier leicht nachgezogen und damit auf das Leder übertragen.

Wurden alle Linien durchgedrückt, wird das Transparentpapier wieder entfernt. Es genügt, wenn die Hilfslinien nur leicht auf dem Leder zu sehen sind.

Zuerst wird der Musterentwurf auf Transparentpapier durchgezeichnet, dann auf das angefeuchtete Leder übertragen.

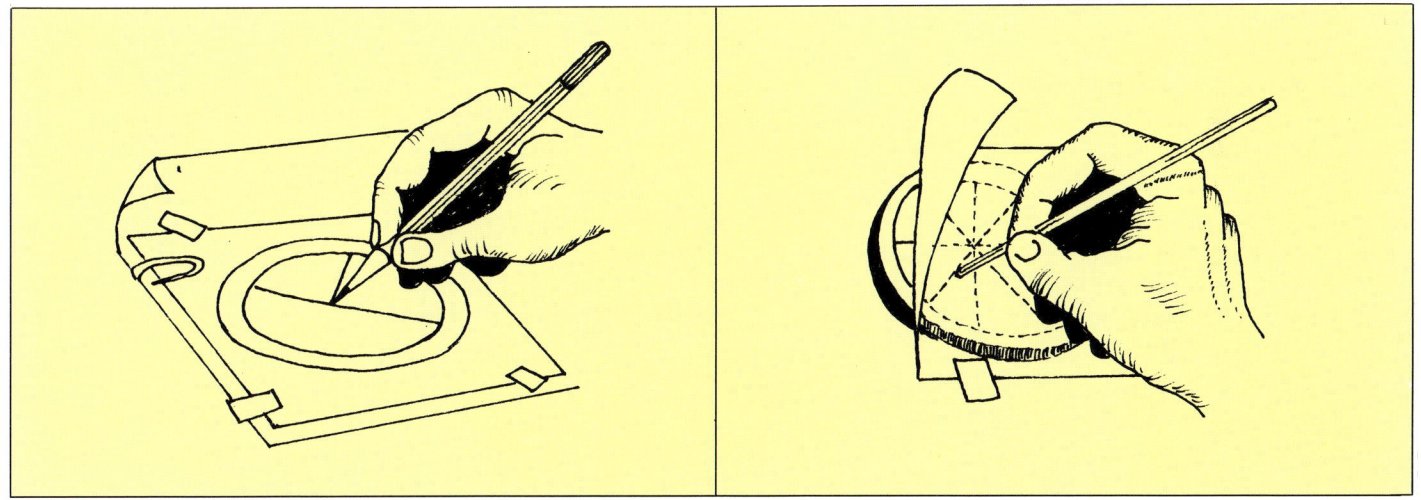

Das Prägen

Sind alle Hilfslinien übertragen, die Buchstaben oder Ziffern durchgedrückt, beginnt man mit dem Prägen. Vorder- und Rückseite des gesamten Lederstücks werden zunächst mit kaltem oder lauwarmen Wasser befeuchtet. Dabei sollte man auf Sauberkeit achten, damit kein Schmutz an das Leder gerät.

Es empfiehlt sich, bei viereckigen oder rechteckigen Mustern jeweils an den Ecken zu beginnen. Wenn die letzten vier oder fünf Prägungen anzubringen sind, sollte man vorher ausmessen, ob der Abstand zwischen den einzelnen Stempeln etwas größer oder kleiner gehalten werden muß, damit ganze Prägeabdrücke in dem noch verbleibenden Raum untergebracht werden können.

Der Prägestempel wird fest mit den Fingern gehalten, wobei der kleine Finger auf dem Leder liegen soll, um ein Verrutschen zu vermeiden. Der Präge-stempel wird immer senkrecht angesetzt und mit 1 bis 2 Schlägen eingeschlagen.

Schon nach den ersten 2 bis 3 Prägun-

Gürtel sind beliebte Lederbastelartikel. Ob geschnitten oder geprägt, das fertige Produkt hat immer einen speziellen, individuellen Wert.

gen stellt man fest, ob die Abdrücke tief genug ins Leder eingeprägt wurden. Ein nochmaliges Nachschlagen der ersten Prägeabdrücke kann erforderlich sein. Tiefere Abdrücke bleiben dauerhafter im Leder erhalten und sind auch für eine eventuell spätere Weiterbearbeitung (Färben) wichtig.

Werden Prägestempel mit großflächigen Mustern verwendet, so ist mehrmaliges oder stärkeres Schlagen erforderlich. Bei kleineren Mustern (z. B. Sternchenverzierer) reicht meist ein einmaliger, leichterer Schlag.

Natürlich ist bei dünnerem Leder der Prägeabdruck nicht so stark durchzuführen, um das Leder nicht durchzuschlagen. Aber schon nach den ersten durchgeführten Prägungen bekommt man eine gewisse Routine, ein Gefühl, wie stark und mit welchem Schlagrhythmus die Prägungen erfolgen müssen.

Wichtig ist, daß die Oberfläche des Leders von Zeit zu Zeit neu angefeuchtet wird, und zwar nur die zu prägende Fläche.

Die richtige, senkrechte Haltung des Prägestempels und ein gleichmäßiger Schlagrhythmus sind für ein gutes Gelingen erforderlich.

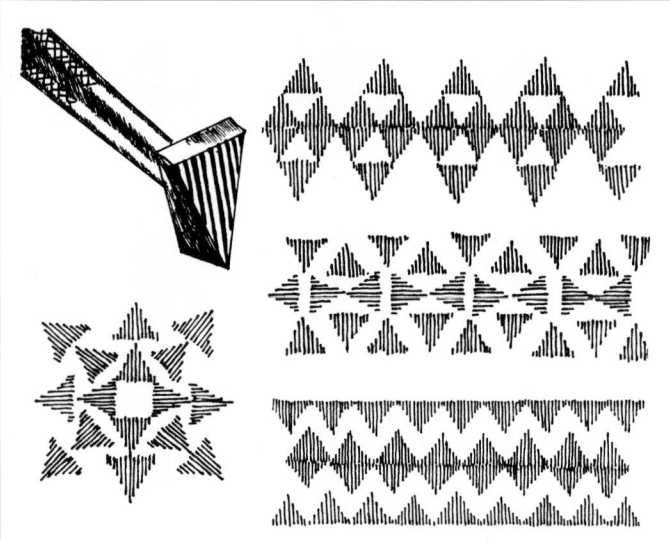

Weitere Musterbeispiele mit einem, zwei oder drei Prägestempeln gestaltet.

Es empfiehlt sich, nach den ersten 10 bis 15 Prägungen, beide Hände kurz auszuschütteln und eine kleine Pause einzulegen. Vor allem der Anfänger verkrampft sich, da er das stetige Halten des Prägestempels und das Klopfen nicht gewöhnt ist. Es ist also besser, öfter eine Pause einzulegen, da sonst die Gefahr besteht, daß durch eine zu starke Verkrampfung ein Prägeabdruck verrutscht oder nicht genau auf die Linie gesetzt wird.

Benützt man für die Prägearbeiten mit Nylon-Glasfiber-Werkzeugen einen Eisenhammer, so sollte man darauf achten, diesen nicht auf das Leder zu legen, da Eisen auf Leder dauerhafte Flecken hinterlassen kann.

Es gibt auswechselbare Nylon-Prägestempel, d.h. vom Griffende können jeweils die einzelnen Muster abgenommen und durch neue ersetzt werden. Doch wie bei manchen anderen Verzierungen auch, ist es schöner, die Verzierungen mit höchstens 3 bis 4 verschiedenen Prägestempeln durchzuführen, sonst könnte das Muster zu unruhig werden.

Nach Ende aller Prägearbeiten muß das Leder etwas trocknen bevor mit einer Weiterbearbeitung (Lackieren oder Färben und Lackieren) begonnen werden kann.

Geprägte Musterlinien, gleichmäßig tief geschlagen, auf vorgezeichneten Hilfslinien. Ob silber- oder goldfarbene Stahlstempel, es sind Ornamente für jeden Geschmack vorhanden.

Namen, Zahlen, Initialen

Es ist einfach und besonders dekorativ, auf dem Lederartikel Initialen, Namen oder Ziffern einzuprägen. Für Buchstaben oder Namen eignen sich besonders Schmuckarmband, Schlüsselanhänger, Schmuckanhänger, Geldbörse, Brieftasche oder Reisepaßhülle. Da man die fertigen Lederartikel auch gerne als Geschenk verwendet, ist es für den Beschenkten sicherlich eine Freude und Überraschung, wenn er auf dem Leder seinen Namen oder seine Initialen findet.

Im Fachhandel sind Alphabetsätze aus Stahl oder Nylon-Glasfiber (auch zum Ausleihen) erhältlich. Diese Metall- oder Nylon-Buchstaben werden in das eingefeuchtete Leder eingeschlagen.

Schulkinder ab 6 Jahren können mit den Prägearbeiten beginnen und z. B. diese dekorativen Anhänger selbst herstellen.

Alphabetvorlage, auch für das Lederbesticken geeignet.

Man kann aber Buchstaben und Ziffern auch einfacher anbringen.
Nach Vorlage oder nach eigenem Entwurf werden die Buchstaben oder Zahlen auf ein Transparentpapier gezeichnet. Die Oberfläche des Leders wird angefeuchtet, das Transparentpapier aufgelegt, am Rand befestigt und die Bleistiftlinien mit einem stumpfen Gegenstand nachgezogen (Häkelnadel, Falzbein, Sticknadel, usw.).

Diese Reisepaßhülle wurde mit Nylon-Prägewerkzeugen bearbeitet.

Mit dem gleichen Instrument zieht man, nachdem man das Transparentpapier abgenommen hat, diese Linien stärker nach. Diese Linien müssen fester durchgedrückt werden, als bei den Hilfslinien, da man hier ja einen dauerhaften Abdruck erreichen will.
Die Umrisse der Buchstaben oder Zahlen können mit Prägestempeln oder

Buchstaben und Initialen geben diesen Reisepaßhüllen das gewisse „Etwas". Das linke Muster ist geschnitten und abgeschrägt, das rechte Muster wurde mit den Prägestempeln „Korbflechtverzierer und Sternchenverzierer" geprägt und mit der Farbe rotbraun gefärbt.

durch Rahmen verziert werden. Zum Einrahmen nimmt man ein Lineal zu Hilfe und natürlich wieder das Werkzeug, das man schon für das Durchdrücken von Ziffern oder Buchstaben verwendet hat. Durch kleine Punkte markiert man Anfang und Ende der Linie und zieht diese dann, nach leichtem Vorzeichnen, tief nach.

Das Ergebnis einer guten Präge- und Schneidearbeit. Das geschnittene rechte Bild- und Ausweistäschchen wurde mit Antik-Finish behandelt. Dadurch werden die bearbeiteten Musterlinien dunkler und kommen besser zur Geltung.

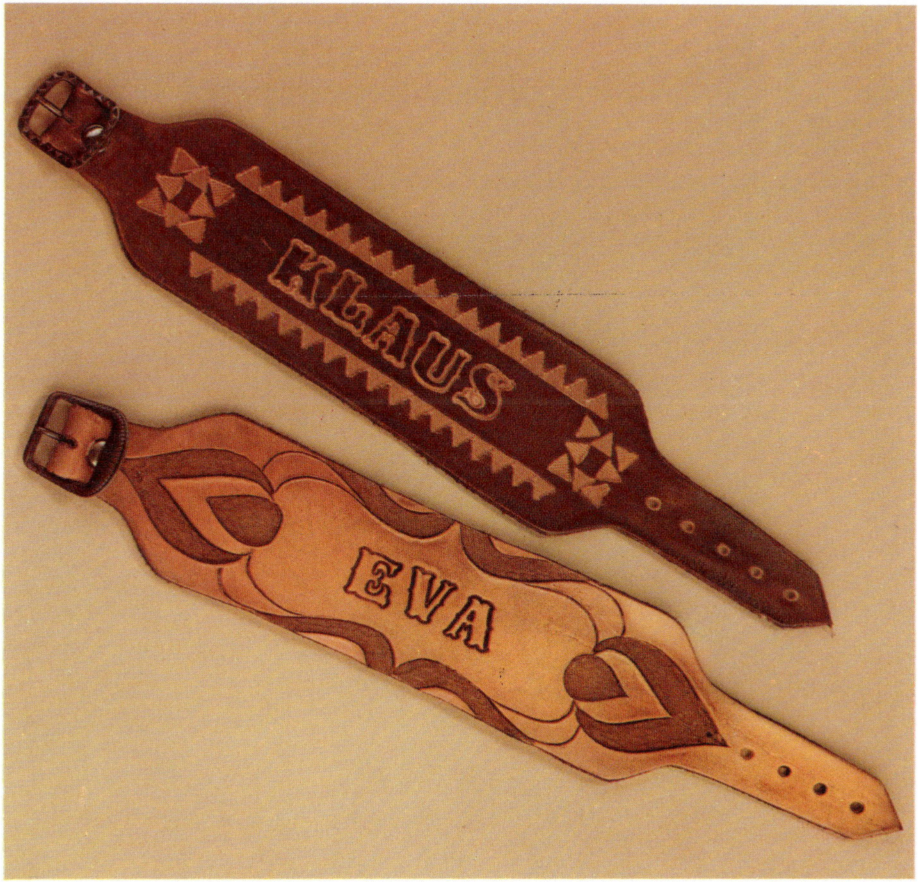

Ebenfalls durch Schneide- oder Prägearbeiten lassen sich Schmuck- oder Kraftarmbänder verzieren.

Arbeitsplatz und Arbeitsmaterialien für Schneidearbeiten

Arbeitsplatz

Wichtig ist bei der Schneidetechnik eine feste Unterlage, z.B. eine Kunststein- oder Hartholzplatte, und die gute Ausleuchtung des Arbeitsplatzes durch Tageslicht oder Deckenlampen. Verletzungen oder Beschädigungen der Möbel können durch einen geeigneten Arbeitsplatz vermieden werden.

Leder

Auch für diese Technik eignet sich nur naturgegerbtes Rindleder. Die Bastel-

Aus einem Rohling für ein Schlüsseltäschchen läßt sich bei etwas Übung relativ einfach ein Geschenk für Freunde, Verwandte oder Bekannte oder für den Eigenbedarf ein Gebrauchsgegenstand basteln, der sich von jedem industriell gefertigten Schlüsseltäschchen unterscheidet.

Brillenetui geschnitten (links) und geprägt (rechts).

jedoch weitere Werkzeuge: Lochzangen, Locheisen, Einschlagwerkzeuge für Druckknöpfe, Lederschere und anderes.

Motive

In jeder Bastelpackung ist ein Motivvorschlag enthalten. Wem das darin enthaltene Motiv nicht gefällt, der wählt aus Zeitschriften, Magazinen, Büchern oder anderen Vorlagen ein Muster aus. Auch Motivvorlagen, die für das Glasritzen oder für die Bauernmalerei im Handel erhältlich sind, eignen sich für den Lederschnitt.

Werkzeuge für die Schneidetechnik

Als Grundausstattung dienen Rundmesser, Schräger (geriffelt oder glatt) und Hintergrundverzierwerkzeug (Regentropfenverzierer). Mit dieser Grundausstattung läßt sich schon erfolgreich arbeiten.

packungen, die im Fachhandel erhältlich sind, eignen sich sowohl für Präge- als auch für Schneidearbeiten. Speziell großflächige Artikel, wie Gürtel, Geldbörsen, Brieftaschen, Handtaschen, Reisepaßhüllen eignen sich gut für die Lederschneidetechnik. Könner und

Fortgeschrittene, die an dieser Technik Freude haben, können aus Lederstücken, wie Hals, Seite, Haut oder Kernstück nach eigens angefertigten Schablonen selbst ihre Lederartikel zuschneiden. Für diese Eigenfertigung von Ledergegenständen benötigt man

Auch für die Schneidetechnik sind die Werkzeuge aus Nylon-Glasfiber erhältlich. Die einzelnen Prägestempel sind auswechselbar.

Weitere Prägewerkzeuge können z. B. den Rand des Motivs zusätzlich gestalten. Es bleibt dem eigenen Geschmack überlassen, zu welchen geschnittenen Motiven sich eine zusätzliche Verzierung mit einem Prägestempel eignet.

Hammer

Für die Bearbeitungswerkzeuge der Schneidetechnik ist ein Holz- oder Rohhauthammer für Stahlwerkzeuge empfehlenswert, mit dem auch bei Nylon-Werkzeugen gearbeitet werden kann.

Wasserschüssel mit Schwamm

Bei dieser Technik muß das Leder ebenfalls feucht gehalten werden, so daß eine Wasserschüssel mit Schwamm bereit stehen sollte, um die Oberfläche des Leders immer wieder anzufeuchten.

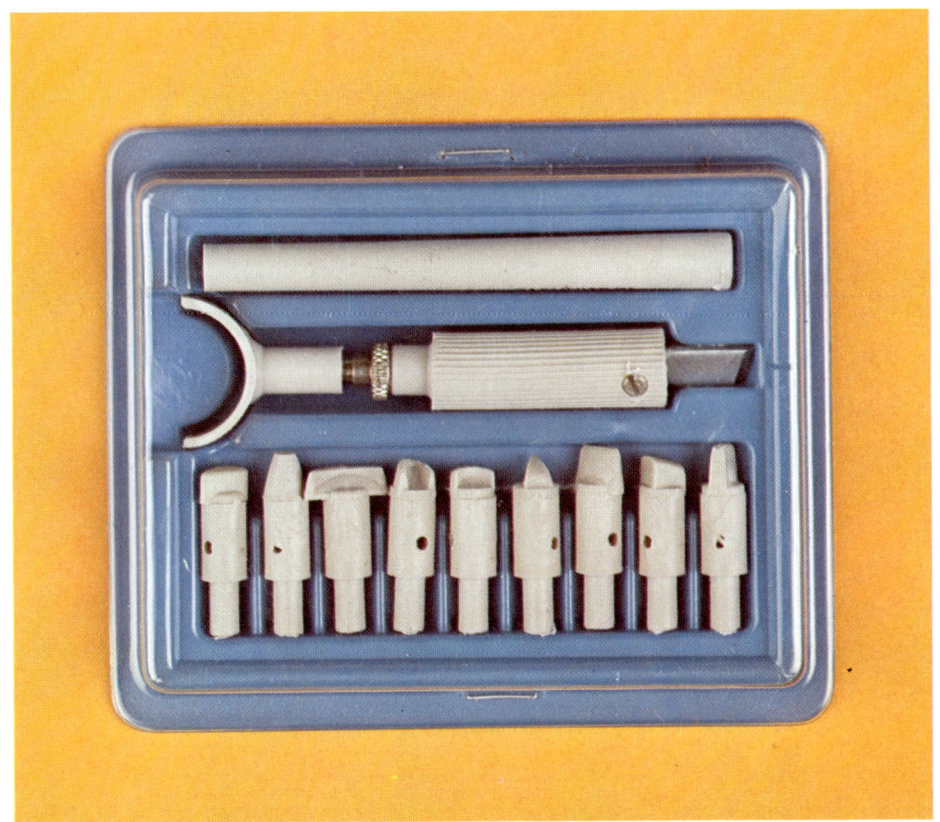

Hilfsmaterialien

Wichtig ist ein stumpfes Instrument, mit dem man leicht die Hilfslinien auf das Leder zeichnet. Dieser Gegenstand sollte nicht zu spitz sein, da keine Kratzspuren auf dem Leder erscheinen sollen. Man nimmt am besten eine Stricknadel, eine leergeschriebene Kugelschreibermine, eine Häkelnadel oder ähnliches. Weiter benötigt man Transparentpapier, auf das man die Muster zeichnet und dann auf das Leder durchpaust, sowie Klebefilm um ein Verrutschen der Vorlage zu vermeiden.

Die Schneidetechnik

Für diese Technik ist auch wieder nur naturgegerbtes Rindleder erforderlich, da sie nur erfolgversprechend durchgeführt werden kann, wenn das Leder die Feuchtigkeit aufnimmt und dadurch weich wird. Bei chemisch gegerbtem Leder stößt die Oberfläche des Leders das Wasser ab. Es sind keine dauerhaften Präge- oder Schneideabdrücke möglich.

Mit einem speziellen Rundmesser werden die vorher aufgezeichneten Musterhilfslinien nachgeschnitten, mit einem Schräger-Werkzeug wird die Kante des Schnittes tiefgeschlagen und mit einem Regentropfen-Prägestempel der Hintergrund verziert. So entstehen reliefartige Muster.

Die auf das feuchte Leder durchgezeichneten Hilfslinien werden mit dem Rundmesser nachgeschnitten. Der Lederschnitt sollte etwa ein Drittel tief in das Leder erfolgen.

Diese Technik sollte ebenfalls auf einem Lederreststück oder auf einer Hartpappe (beide ebenfalls gut anfeuchten) etwas geübt werden. Hierzu zeichnet man mit einem stumpfen Gegenstand leichte gerade und wellenförmige Linien auf die Oberfläche des Übungsstücks und versucht, diese nach der beschriebenen Technik zu bearbeiten.

Es können die verschiedensten Motive für diese Technik ausgewählt werden:

Vorlagen aus der Bauernmalerei, Tiermotive, geometrische Motive, Wappen, Landschafts- oder Städtebilder, Portraits, aber auch nach eigenem Entwurf angefertigte Muster.

Wie bei anderen Hobby-Techniken, z.B. der Bauernmalerei oder dem Glasritzen, sind gute Vorlagen wichtig, um einen erfolgreichen Lederschnitt zu erreichen.
Die Werkzeuge hierfür (Grundausstattung: Rundmesser, Schräger, Regentropfen- beziehungsweise Hinter-

grundverzierer) sind in Stahl- oder Nylon-Glasfiber-Ausführung erhältlich. Natürlich stehen für den Fortgeschrittenen eine größere Anzahl weiterer Prägestempel zur Verfügung, um den plastischen Effekt der Muster zu verstärken. So kann die Kante des Schnittmusters auch geriffelt erscheinen. Man nimmt dazu das geriffelte Schrägerwerkzeug. Blattadern können mit dem Halbmond-Verzierwerkzeug gestaltet und die Blüten von Blumen mit dem Birnform-Schattierer plastisch verziert werden.
Die Schneidetechnik ist nicht für Kinder geeignet, da das Schneidemesser mit einem gewissen Druck gehandhabt wird und auf dem Leder zum Körper hin geschnitten wird. Auch Erwachsene sollten immer mit Aufmerksamkeit bei der Sache sein.

Links: Auch bei Brieftaschen kann man die Oberfläche mit Schneide- oder Prägemustern verzieren.

Rechte Seite: Durch das Drehen des beweglichen Schaftes mit Daumen und Mittelfinger können Kreise und wellenförmige Linien leicht nachgeschnitten werden.

Erste Übungen mit dem Rundmesser

Um mit dieser Technik etwas vertrauter zu werden, sollte man vor Beginn der Lederbearbeitung erst einige Übungsversuche vornehmen, um die richtige Handhaltung des Messers zu erlernen.

Man nimmt eine feste Pappe (z.B. von einem Schreibblock) oder ein Restlederstück, von beiden Seiten angefeuchtet. Dann zeichnet man Musterlinien mit einem stumpfen Gegenstand auf das Probestück. Diese Linien versucht man nun, mit dem Rundmesser nachzuziehen und achtet dabei auf die richtige Messerhaltung, wie sie in dem nachfolgenden Kapitel »Der Lederschnitt« erklärt wird. Wichtig ist bei diesen ersten Übungen, sich nicht zu verkrampfen, um mühelos auch größere Muster schneiden zu können. Schon bei den Übungsarbeiten spürt man, daß eine richtige Handhabung des Messers einen gleichmäßig tiefen Schnitt ergibt, und daß es gar nicht so schwierig ist, auch Kreise oder wellenförmige Linien nachzuschneiden.

Ein Gürtel mit geschnittenen Blumenmotiven.

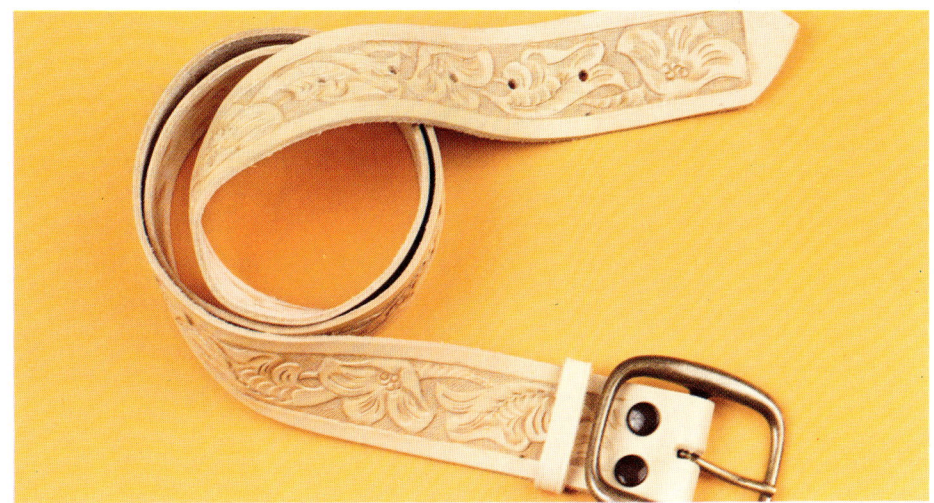

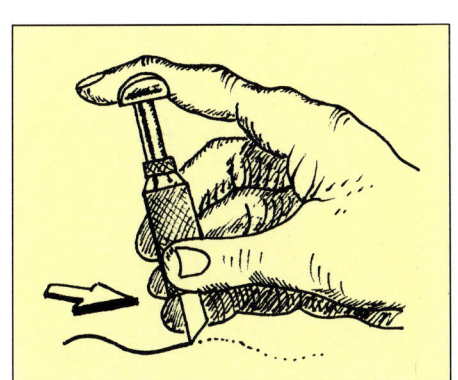

Übertragen des Schneidemusters auf das Leder

Auch hier gilt, wie bei den Prägearbeiten, daß die Musterlinien nicht zu tief durchgedrückt werden. Ein Falzbein oder eine leergeschriebene Kugelschreibermine können zum Durchdrücken des Musters auf das Leder verwendet werden.

Wie bei der Prägetechnik werden die Hilfslinien zuerst auf Zeichenpapier gezeichnet und auf Transparentpapier übertragen, dann auf das angefeuchtete Leder durchgedrückt.

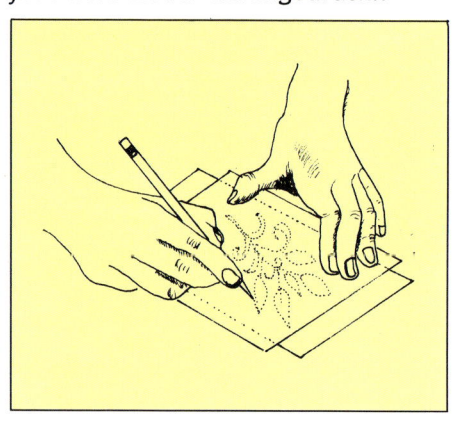

Vorher muß allerdings das Leder angefeuchtet werden. Es genügt, mit einem in Wasser ausgedrückten Schwamm die Oberfläche des Leders leicht, aber gleichmäßig (um Wasserflecken zu vermeiden) einzureiben.

Um ein Verrutschen der Vorlage zu vermeiden, sollte man die Ecken mit einem durchsichtigen Klebefilm befestigen.

Nun werden die Linien des auf dem Transparentpapier aufgezeichneten Musters nachgezogen. Die nachgefahrenen Linien drücken sich nun durch und erscheinen auf dem Leder.

Beachtet werden muß noch, daß das Transparentpapier immer mit der Kugelschreiber- oder Bleistiftseite nach oben auf das Leder gelegt werden muß, da auf dem Leder keine Bleistift- oder Kugelschreiberabdrücke erscheinen dürfen. Solche Abdrücke lassen sich nur schwer aus dem Leder entfernen.

Hat man alle Musterlinien auf die Lederoberfläche übertragen, so kann mit den Schneidearbeiten begonnen werden.

Auch für die Lederschneidetechnik gilt der Grundsatz, wie bei der Prägetechnik, nur auf angefeuchtetem Leder zu arbeiten. Alle Arbeiten, wie Schneiden, Abschrägen und Hintergrundverzierung, können nur dann erfolgversprechend durchgeführt werden, wenn das Leder feucht ist.

Vor Beginn der Schneidearbeiten befeuchtet man Vorder- und Rückseite des gesamten Lederstückes gleichmäßig. Bei der späteren Bearbeitung reicht es dann, immer nur das Stück von der Oberfläche her anzufeuchten, das man gerade bearbeitet.

Handtaschen, nach eigener Kreativität verziert, sind keinem modischen Trend unterworfen: Zeitlos und modern.

Der Lederschnitt

Nur keine Angst vor dem etwas unförmig aussehenden Rundmesser mit dem nun die aufgezeichneten Musterlinien nachgeschnitten werden. Das Messer ist genau für diesen Zweck konstruiert und sorgt dafür, daß bei genauer Handhabung die Linien gleichmäßig tief eingeschnitten werden. Betrachten wir die Funktionen des Rundmessers, damit man auch gleich erkennen kann, wie die Handhaltung sein muß und wie der spätere Lederschnitt erfolgt: Das Rundmesser hat oben einen verstellbaren Bügel, der durch die seitlich angebrachte Schraube höher und tiefer gestellt werden kann, je nach Länge der Finger. Der Zeigefinger wird in diesen Bügel gelegt (zwischen 1. und 2. Glied). Mit dem Daumen, dem Mittel- und Ringfinger halten wir den Drehschaft, setzen das Messer gerade auf (senkrecht zum Leder) und kippen es leicht vom Körper weg nach vorne.

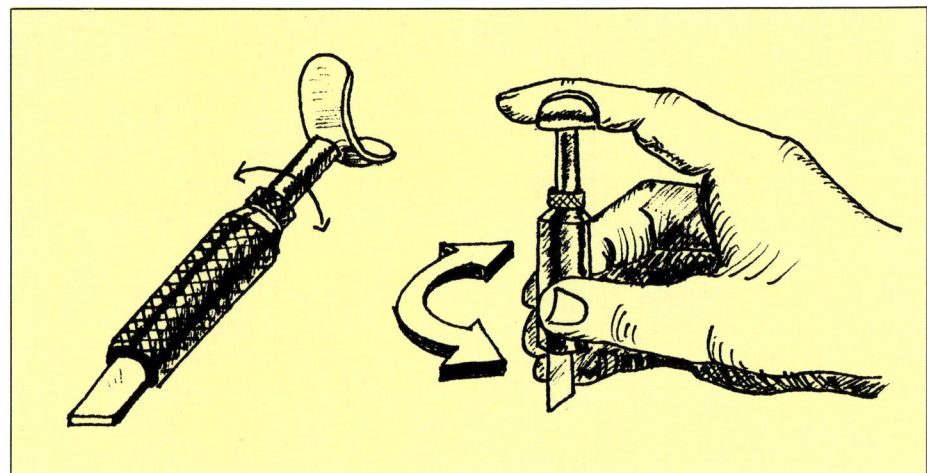

Bevor man mit dem Lederschnitt beginnt, sollte man den richtigen Gebrauch, vor allem die Handhabung des Messers, erst auf einem Übungsstück aus Leder oder auf einer Pappe erproben.

Wenn das Messer so in der Hand liegt, stellt man fest, daß der Schaft gedreht werden kann. Dies ist wichtig, um Wellenlinien, Kreise und sonstige Rundungen leicht nachzuschneiden.

Das Messer ist schräg zugeschnitten, das hat den Vorteil, daß der Lederschnitt leichter und tiefer erfolgen kann, denn die Musterlinien sollen ca. $\frac{1}{3}$ der Lederstärke eingeschnitten werden.

Der Lederschnitt soll also nicht mit der ganzen Schneide des Messers durchgeführt werden, sondern nur mit der vorderen Kante. Durch leichten Druck mit dem Zeigefinger auf den Bügel und Ziehen des Messers nach den vorgegebenen Musterlinien zum Köprer hin, werden alle Musterlinien geschnitten.

Alle Linien, auch Wellenlinien müssen immer zum Körper hingeschnitten werden. Das bedeutet, daß man das Leder während der Bearbeitung drehen muß.

Werden z.B. Kreise nachgeschnitten, so fertigt man zuerst den Halbkreis, dreht das Leder und schneidet dann die 2. Hälfte.

Hat man alle Linien nachgeschnitten, so wird im nächsten Arbeitsgang das Muster plastisch aus dem Leder hervorgehoben.

Ein Gebrauchsartikel aus Leder, der stets verwendet werden kann: ein Schlüsseltäschchen.

Das Abschrägen

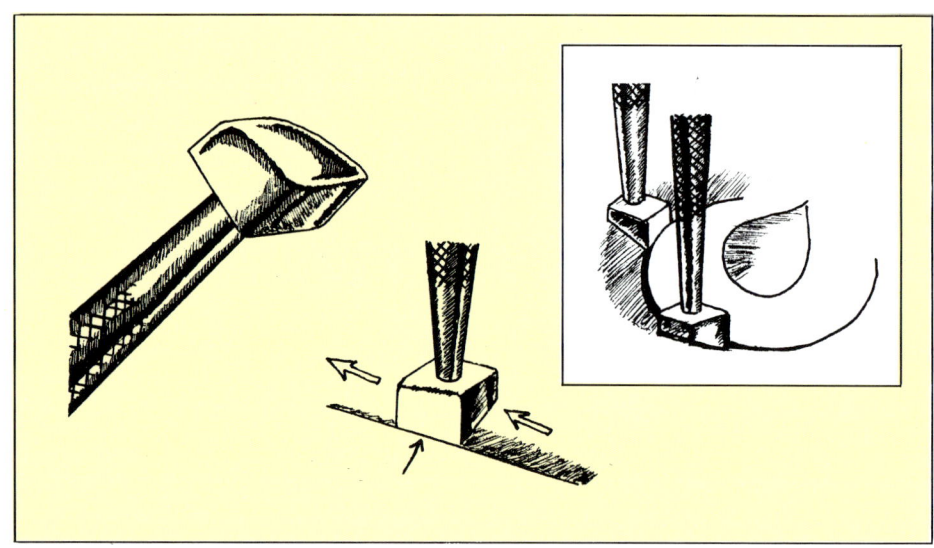

Wichtig beim Abschrägen ist die senkrechte Haltung des Prägestempels und das jeweilige Versetzen um etwa die Hälfte des Prägeabdruckkes, damit eine kantenfreie Linie erreicht wird. So können auch Kreise und Wellenlinien abgeschrägt werden.

Um das Muster plastisch aus dem Leder hervorzuheben, wird eine Kante des Musters tiefgeschlagen. Hierfür gibt es ein spezielles Prägewerkzeug: »den Schräger«.
Dieses Werkzeug hat eine schmale und eine hohe Kante und die Oberfläche verläuft schräg.

Am Lederschnitt haben wir die Schnittlinien senkrecht, also zum Körper hin, gelegt, da der Schnitt ja immer zum Körper hin erfolgen muß.
Beim Abschrägen werden die Schnittlinien waagerecht vor dem Körper ausgeführt, da es erforderlich ist, das Werkzeug genau in der Schnittlinie an-

zusetzen. Es ist einfacher und vorteilhafter die Bearbeitung vorzunehmen, wenn die Linien waagerecht liegen. Für diese Bearbeitung brauchen wir außer dem Schräger noch einen Hammer. Das Werkzeug wird senkrecht in die Hand genommen, Daumen, Zeige- und Mittelfinger halten am unteren Drittel fest, die hohe Kante zeigt zum Körper.

Die richtige, unverkrampfte Messerhaltung ist nach etwas Übung leicht erlernbar. Beim Abschrägen nur eine Kante tief schlagen, damit sich das Muster plastisch aus dem Leder abzeichnet.

Die hohe Kante setzt man in die geschnittene Linie. Nun wird mit dem Hammer auf das Schrägerwerkzeug geschlagen und nach jedem Schlag das Werkzeug etwa um die Hälfte versetzt. Schon nach den ersten zwei bis drei Schlägen stellt man fest, daß durch die schräge Anordnung des Werkzeuges die hintere Kante tiefgeschlagen wird. Das Werkzeug wird deshalb nur um die Hälfte versetzt, da in der hinteren tief

geschlagenen Linie keine Kanten sein sollen, es soll sich um eine gerade, möglichst gleichmäßig tiefgeschlagene Linie handeln. Würde man das Werkzeug mit seiner ganzen Fläche versetzen, so würden Unebenheiten entstehen.
Ist eine Linie tiefgeschlagen, so kann

man nochmals das Schrägerwerkzeug in die Linie setzen und fortlaufend nach links oder rechts ziehend auf etwaige Unebenheiten schlagen.
Der Hammerschlag soll bei dieser Bearbeitung nicht so stark erfolgen wie bei den Prägewerkzeugen. Ob alle geschnittenen Linien geschrägt werden

sollen, muß man selbst entscheiden. Linien im Inneren der Muster, z.B. Blattadern oder sonstige Zierschnitte, können durchaus nur geschnitten auf dem Leder erscheinen.

Auch hier wird man schon nach kurzer Übung feststellen, daß das Werkzeug immer gerade gehalten werden muß, da sonst die Kante zu breit wird.

Von Zeit zu Zeit muß das Leder wieder befeuchtet werden, einer der wichtigsten Arbeitsgänge der Lederbearbeitung überhaupt.

Hat man alle gewünschten Linien abgeschrägt, kann man den Hintergrund nun noch speziell verzieren. Dazu benötigt man einen weiteren Prägestempel, den sog. Regentropfen- oder Hintergrund-Verzierer.

Jugendgeldbörse, mal geschnitten, mal geprägt. Bei diesem Bastelsatz sind die Beschlagteile bereits angebracht, auch die Futterteile sind aus echtem Leder.

Die Hintergrundverzierung

Das Hintergrund-Verzierwerkzeug hat eine rauhe Oberfläche. Der reliefartige Effekt eines Motivs wird verstärkt, wenn man den Hintergrund damit schattiert.

Das Werkzeug wird gerade auf das Leder gesetzt und nach jedem Schlag ein Stück um die eigene Achse gedreht, damit eine gleichmäßige, tiefgeschlagene Fläche erreicht wird. Es empfiehlt

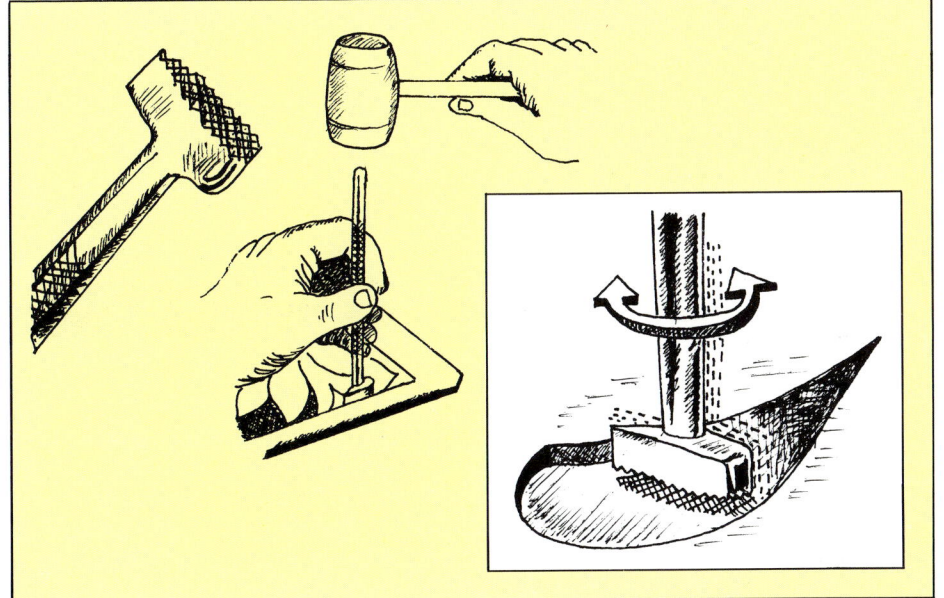

sich, die Hintergrundverzierungen am Rande des tiefgeschlagenen Musters zu beginnen, damit dann die größere, zu bearbeitende Fläche leichter und schneller tiefergeschlagen werden kann. Die einzelnen Schläge für die Hintergrundverzierung können etwas stärker als beim Schrägen durchgeführt werden.

Das Leder sollte bei dieser Bearbeitung nur noch eine mäßige Feuchtigkeit haben, da bei zu nassem Leder das Werkzeug bei kräftigem Schlag im Leder haften bleibt.

Bevor nun eine weitere Bearbeitung erfolgt, muß das Leder trocknen.

Der Prägestempel „Hintergrundverzierer" wird während der Bearbeitung um die eigene Achse gedreht. Der Hintergrund wird damit tiefgeschlagen.

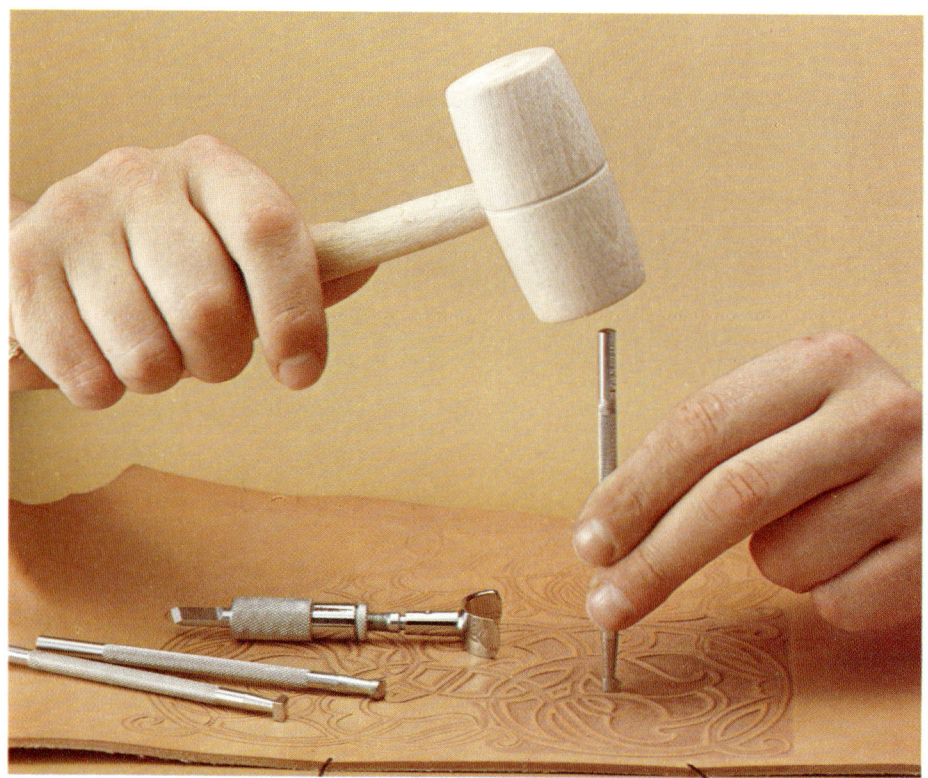

Wie bei allen Prägearbeiten wird
auch bei der Hintergrundverzierung
der Prägestempel stets senkrecht
gehalten. Das Leder ist dabei leicht
angefeuchtet.

Mustervorschläge für Schneidearbeiten

45

Das Färben

Das Rindleder, das für alle Präge- und Schneidearbeiten verwendet wird, dunkelt nach, wenn Sonne oder Licht darauf fällt. Entscheidet man sich dafür, den Lederartikel in seiner natürlichen Farbe zu belassen, so wird nach dem Abtrocknen des Leders die Oberfläche konserviert, das heißt mit einem Lederlack eingerieben. Mit einem sauberen Lappen wird der Lederlack leicht auf die Oberfläche aufgetragen. Wenn dieser Lederlack gut eingetrocknet ist, kann die Oberfläche noch etwas glänzend poliert werden. Hierzu nimmt man entweder ein Falzbein oder einen Wollappen und reibt damit kräftig über die Oberfläche des Leders.

Auch die Möglichkeit des Einfärbens des Lederartikels besteht. Hierfür benötigt man einen Korken, ein Stück Leinentuch, einen Gummiring und Leder-Anilinfarbe, die es in 9 verschiedenen Farben im Handel gibt. Wichtig ist, daß beim Einfärben besonders vor-

Geprägte oder geschnittene Musterornamente werden mit Pinsel und Anilinfarben ausgemalt. Wenn die Farbe abgetrocknet ist, kann der übrige Teil mit einer anderen Farbe gefärbt werden.
Auch bei Diskotaschen sind viele Möglichkeiten der fantasievollen Gestaltung gegeben.

sichtig gearbeitet wird. Die Anilinfarben sind farbintensiv und Flecken lassen sich aus der Kleidung nicht mehr entfernen.

Über den Korken stülpt man den Leinenstoff. Um ein Abrutschen zu vermeiden, wird das obere Ende mit dem Gummiring befestigt.

Dieser Tupfer wird nun fest auf das geöffnete Fläschchen gedrückt. Durch leichtes Hin- und Herrutschen der Flasche kommt Farbe auf den Stoff. Dann wird der Tupfer gut am Flaschenrand

Ein Leinentuch über einen Sektkorken gespannt und schon kann mit dem Einfärben begonnen werden. Nur mäßig Farbe auftragen und den Farbanstrich mehrmals wiederholen.

abgewischt, damit möglichst wenig Farbe haftet. Den ersten Anstrich sollte man auf einer Zeitung oder auf einem anderen Papier vornehmen. Die volle, gleichmäßige Farbe wird durch 6- bis 7maliges Auftragen erreicht. Es ist besser, den Farbauftrag mehrmals vorzunehmen, als ein Mal zu viel Farbe auf das Leder zu bringen. Die Farbe würde dann in die Muster laufen oder einen dunklen Farbfleck auf dem Leder hinterlassen.

Für viele Gelegenheiten im Jahr bieten sich handgearbeitete Lederschmuck- und Gebrauchsgegenstände als willkommene Geschenkidee.

Der mit Farbe getränkte Tupfer wird kreisförmig gerieben. Die Farbintensität kann man selbst bestimmen, je nach dem wie oft man den Einfärbevorgang vornimmt. Bei diesem Verfahren bleiben die geschnittenen Muster hell, die übrige Fläche wird in der entsprechen-

Fotorahmen. Mit 2 Werkzeugen geprägt und rotbraun eingefärbt.

fläche schmutz- und wasserabstoßend macht.

Nach dem Einreiben des Leders mit Lederlack können keine Arbeiten wie nachträgliches Prägen, etc. mehr durchgeführt werden.

Eine Geldbörse für Pferdefreunde (Mustervorschlag auf Seite 45). Die untere Geldbörse ist mehr rustikal geprägt und braun gefärbt. Hier wurde nur der Hintergrundverzierer verwendet.

den Farbe eingefärbt. Es gibt aber auch eine Möglichkeit, die Muster dunkler erscheinen zu lassen, während die Oberfläche heller bleibt. Dazu muß man ein Antik-Finish verwenden, eine Paste, die mit einem Lappen auf das Leder aufgetragen wird. Die Paste wird über die ganze Fläche des Lederartikels eingerieben und anschließend mit einem sauberen Lappen wieder entfernt. Genauso wie beim Färben mit Anilinfarben kann dieser Vorgang 2- bis 3mal oder noch öfters wiederholt werden.

Anschließend wird zur Konservierung Lederlack aufgetragen, der die Ober-

Das Flechten

In den Bastelpackungen ist ein PVC-Band enthalten. Damit kann man die Lederartikel mit dem einfachen Vorder- und Peitschenstich zusammenflechten. Schöner und wertvoller wird der geprägte oder geschnittene Lederartikel, wenn man das Flechten mit einem Kalblederflechtband und dem Doppelschlingenstich durchführt. Lederflechtbänder in verschiedenen Farben sind im Hobby-Fachhandel erhältlich.

Entscheidet man sich für den Doppelschlingenstich, so muß man beachten, daß man gegenüber dem Peitschenstich etwa die doppelte Menge an Flechtband benötigt.

Auch mit dem Knopfloch- oder Kreuzstich kann man die einzelnen Teile zusammenflechten. Auch dazu wird mehr Band benötigt, als bei den einfacheren Flechtstichen. Zu empfehlen ist, bei den Flechtarbeiten mit einer Flechtnadel zu arbeiten. Man sticht einfacher durch die Löcher und auch ein Verwikkeln oder Verdrehen des Bandes ist nicht so leicht möglich. Man spitzt dazu das Flechtband mit einem Messer oder einer Schere an und schiebt das Band zwischen die beiden Endstücke der Flechtnadel. Durch leichtes Klopfen auf das Ende der Flechtnadel wird ein fester Halt garantiert (Zeichnung 1–5). Und nun zu den einzelnen Flechtstichen, die bei vielen Artikeln ja den Abschluß der Lederhobbyarbeiten darstellen.

Vorderstich

Die Flechttechnik wird meist verwendet, wenn Innenteile miteinander verbunden werden, so z. B. Innenteile von Geldbörsen, Brieftaschen, usw. Man beginnt indem man einen kleinen Schlitz in das Ende des Bandes schneidet. Dann zieht man den Anfang des Bandes von vorne durch die Rückseite und geht mit dem Band durch den

Einfädeln des Bandes in die Flechtnadel

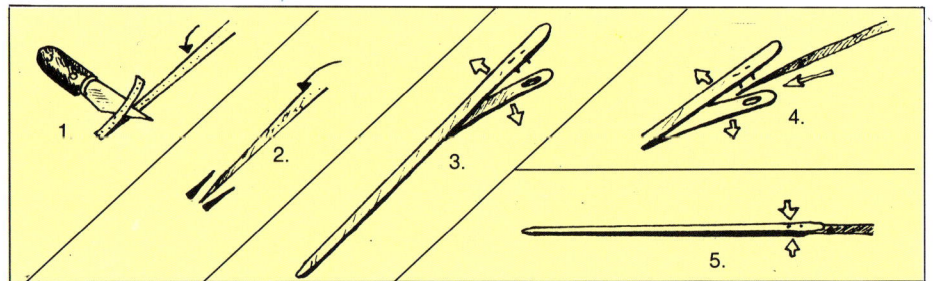

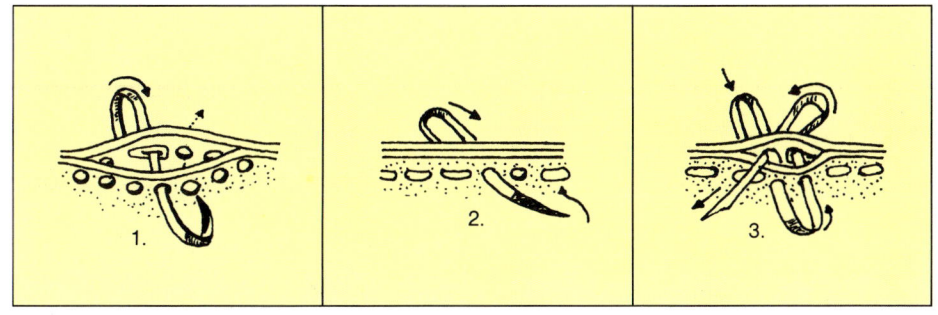

Bis zum letzten Loch wird nun so weiter genäht (Zeichnung 2).
Am Schluß läßt man beim vorletzten Loch eine Schlaufe offen, flicht durch beide Lederteile und geht von hinten durch das vorletzte Loch des Rückenteils. Das Band wird nun straff gezogen und abgeschnitten (Zeichnung 3).

Peitschenstich

Der Peitschenstich ist für einfache Flechtarbeiten geeignet, die auch von Kindern durchgeführt werden können. Mit diesem Stich sollte man, falls man

Schlitz des Bandendes. Dadurch erhält das Band einen festen Halt und das Ende ist unsichtbar zwischen den beiden Lederteilen verschwunden (Zeichnung 1).

Peitschenstich

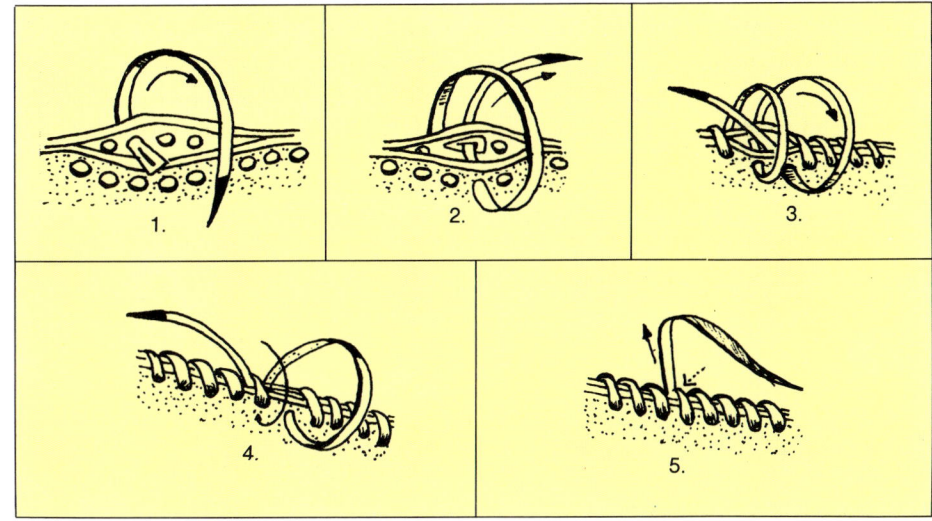

Diese Geldbörse wurde nach durchgeführter Prägearbeit mit dem Peitschenstich zusammengeflochten.

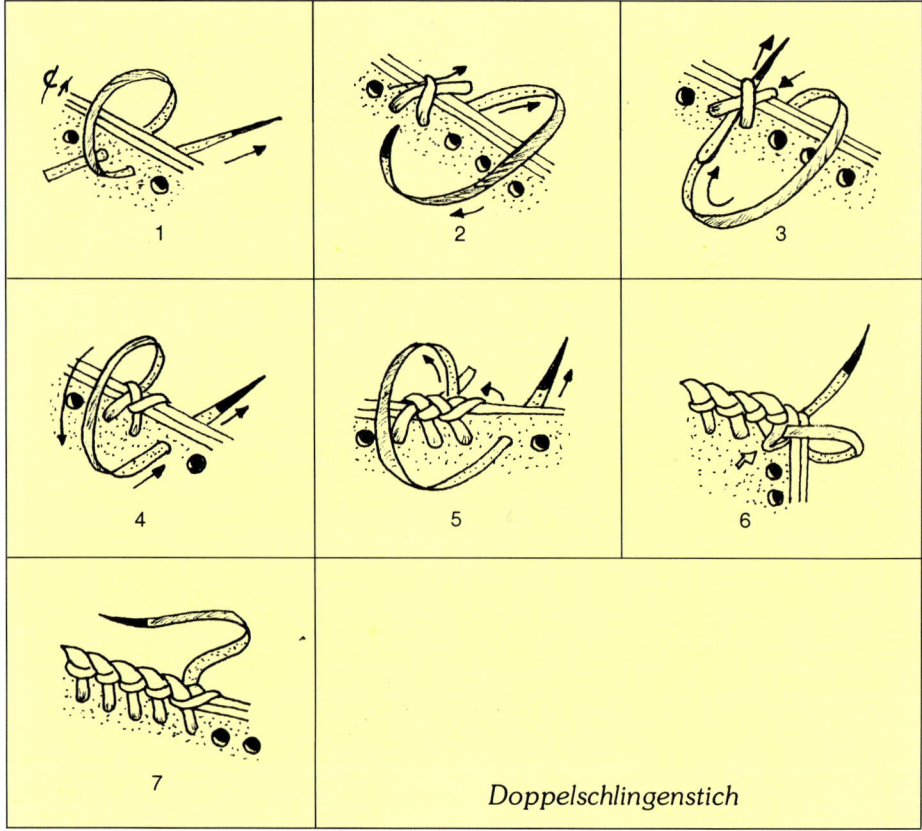

1
2
3
4
5
6
7

Doppelschlingenstich

letzte Loch (nur Vorderseite) und durch die lockere Schlaufe des vorletzten Loches (Zeichnung 3 und 4).

Nun wird das Band angezogen, nach unten gesteckt, evtl. etwas angeklebt, und das Ende abgeschnitten (Zeichnung 5).

Doppelschlingenstich

Durch einen schönen Rahmen kommen manche Bilder oder Zeichnungen erst richtig zur Geltung. Die Flechtarbeiten mit diesem Flechtstich sind etwas langwieriger und erfordern ein bißchen Geduld. Doch das wertvolle Endprodukt wird für den Mehraufwand an Zeit entschädigen.

Wie schon erwähnt, benötigt man für den Doppelschlingenstich mehr Flechtband als beim Peitschenstich. Aus der Tabelle »Flechtbandlänge« können Sie ersehen, welche Menge an Flechtband man für die einzelnen Lederartikel benötigt.

Das Flechtband wird durch das erste Loch von vorne nach hinten durchgezogen. Ein ca. 2 bis 3 cm langes Ende soll zum Schluß bleiben, da man dies für die Schlußarbeiten benötigt (Zeichnung 1).

Von vorne nach hinten flicht man

nicht den Doppelschlingenstich verwenden will, die äußeren Teile des Lederartikels umflechten. Der Anfang des Flechtens ist wie beim Vorderstich. Das Bandende wird eingeschnitten und von vorne nach hinten der erste Flechtstich so durchgeführt, daß man

durch den Schlitz des Bandendes sticht, der zwischen den beiden Lederteilen liegt (Zeichnung 1 und 2).

Wie die Zeichnung zeigt, wird weiter bis zum vorletzten Loch genäht. Dabei wird die letzte Schlaufe offengelassen. Von vorne flicht man nun durch das

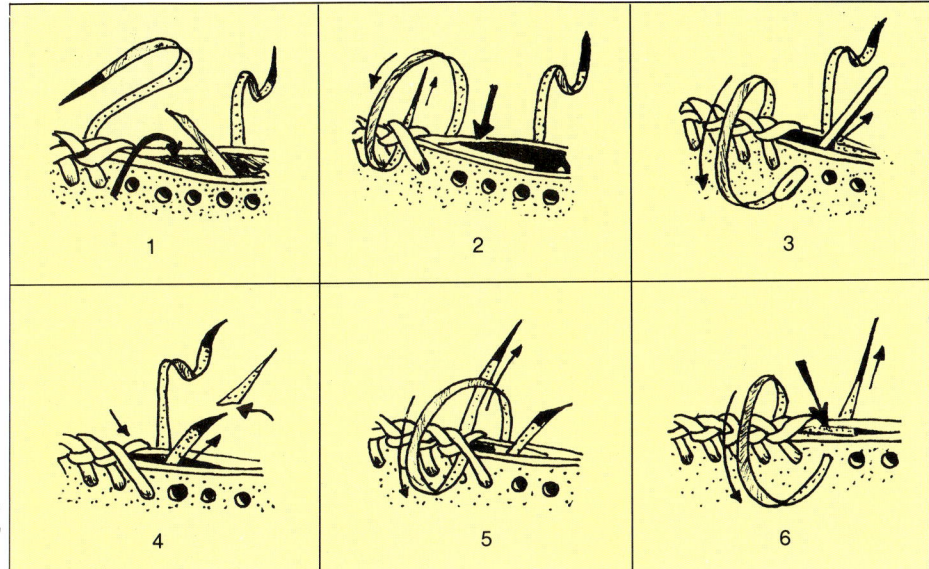

Einfädeln beim Doppelschlingenstich

durch das zweite Loch weiter und legt dabei den Anfang des Bandes in die Schlaufe (Zeichnung 2). Dadurch entsteht ein Kreuz. Durch dieses Kreuz wird von vorne nach hinten geflochten (Zeichnung 3). Weiter näht man durch das nächste Loch und dann wieder durch das Kreuz (Zeichnung 4). Die ganze Außenfläche wird so weitergeflochten (Zeichnung 5).
Die jeweiligen Ecklöcher werden 2- bis 3mal umflochten, bevor man mit dem Doppelschlingenstich weiterarbeitet (Zeichnung 6 und 7).

Das Einfädeln eines neuen Bandes beim Doppelschlingenstich

Bei Artikeln, die eine große Außenfläche haben, benötigt man viel Flechtband. So ist z. B. für die Buchhülle fast 10 m Flechtband nötig. Ein so langes Flechtband durchzuziehen, ist oftmals schwierig, vor allem bei den Anfangsarbeiten. Hier empfiehlt es sich, das Band zu teilen und nur mit einer Hälfte zu beginnen. Bei dem Doppelschlin-genstich ist es nämlich sehr gut möglich, ein neues Band anzusetzen. Es könnte auch einmal vorkommen, daß die Bandlänge nicht ganz ausreicht! Für diese Fälle ist nachfolgend beschrieben, wie ein neues Band eingeflochten wird.
Wenn noch ca. 10 cm übrig sind, beginnt man bereits mit dem Einflechten des neuen Bandes. Vom alten zum neuen Band werden 3 bis 4 Löcher abgezählt. Dann wird mit dem neuen Band, durch das Rückenteil beginnend, durchgeflochten und das Bandende des neuen Bandes zwischen Vorder- und Rückenteil (ca. 2 cm) gelegt (Zeichnung 1).
Nun wird, wie gewohnt, mit dem alten Band weitergeflochten, so daß das Ende des neuen Bandes mit eingenäht wird (Zeichnung 2).
Dort, wo das neue Flechtband von hinten eingeflochten wurde, wird mit dem Rest des alten Bandes nur durch das Vorderteil geflochten (Zeichnung 3).
Dann wird das alte Band auf ca. 2 cm abgeschnitten und zwischen Vorder- und Rückenteil gelegt (Zeichnung 4).
Mit dem neuen Band wird nun in gewohnter Weise weitergeflochten (Zeichnung 5).
Dabei wird das Ende des alten Bandes mit eingenäht (Zeichnung 6).

Flechtbandlänge

Die nachfolgende Aufstellung ergibt einen Überblick, welche Mengen von Flechtbändern zum Nähen der einzelnen Lederteile bei den verschiedenen Flechtarten benötigt werden:

	Vorderstich	Peitschenstich	Knopflochstich	Doppelschlingenstich	Kreuzstich
Bild- u. Ausweistäschchen	1,00 m	2,10 m	3,60 m	4,70 m	3,30 m
Schlüsseltäschchen m. Kettchen	0,40 m	0,90 m	1,40 m	1,80 m	1,30 m
Kamm-Etui	0,50 m	1,90 m	1,80 m	2,30 m	1,60 m
Brieftasche	1,40 m	3,10 m	5,80 m	7,60 m	5,40 m
Buchhülle	1,80 m	4,00 m	7,40 m	9,60 m	6,80 m
Kofferanhänger	0,40 m	0,90 m	1,60 m	2,10 m	1,50 m
Schlüsseltäschchen II	0,30 m	0,70 m	1,20 m	1,60 m	1,10 m
Herrengeldbörse	1,70 m	3,80 m	6,90 m	9,00 m	6,40 m
Füllhalter-Etui	0,70 m	1,60 m	2,90 m	3,70 m	2,70 m
Feuerzeugumhüllung	0,20 m	0,50 m	1,00 m	1,30 m	0,80 m
Brustbeutel	0,35 m	0,80 m	1,50 m	2,00 m	1,40 m
Gürtelgeldbörse	0,60 m	1,40 m	2,50 m	3,30 m	2,50 m
Fotorahmen	0,90 m	2,10 m	3,80 m	5,00 m	3,60 m
Reisepaßhülle	1,25 m	2,90 m	5,20 m	6,80 m	5,00 m
Disco-Tasche	0,80 m	1,90 m	3,50 m	4,50 m	3,20 m
Schlüsseltäschchen groß	0,50 m	1,20 m	2,20 m	3,00 m	2,00 m
Kindergeldbörse	0,20 m	0,50 m	1,00 m	1,30 m	0,80 m
Sparschwein	0,70 m	1,60 m	1,20 m	0,90 m	2,65 m
Brillenetui groß	1,00 m	2,10 m	3,60 m	4,70 m	3,30 m

Zuletzt muß das Bandende mit dem Bandanfang verflochten werden, damit kein Ansatz zu sehen ist.

Dazu löst man mit einer Häkelnadel oder einem formähnlichen Werkzeug das Anfangsstück heraus, so daß ein Loch frei wird (Zeichnung 1 und 2).

Der Bandanfang wird dann nach vorne gezogen, so wird die erste obere Schlaufe frei (Zeichnung 3).

Das Anfangsstück wird auf 2 cm gekürzt, von innen hochgezogen und zwischen die Umflechtung geschoben.

Dadurch wird in der vorderen Lederseite ein 2. Loch frei (Zeichn. 4 und 5).

Nun wird das Bandende durch das zuerst frei gewordene Loch nach hinten geführt. Dabei wird der Bandanfang mit eingeflochten und mit Klebstoff verklebt (Zeichnung 6).

Von dort wird das Bandende durch die freigewordene Schlaufe und dann unter dem letzten Kreuz durchgeschoben (Zeichnung 7 und 8).

Dann geht es nochmals von oben durch die Schlaufe; wird jetzt die Naht festgezogen und das Bandende durch das vordere freie Loch zwischen den Lederseiten nach oben gezogen. Das überstehende Stück schneidet man ab (Zeichnung 9 bis 13).

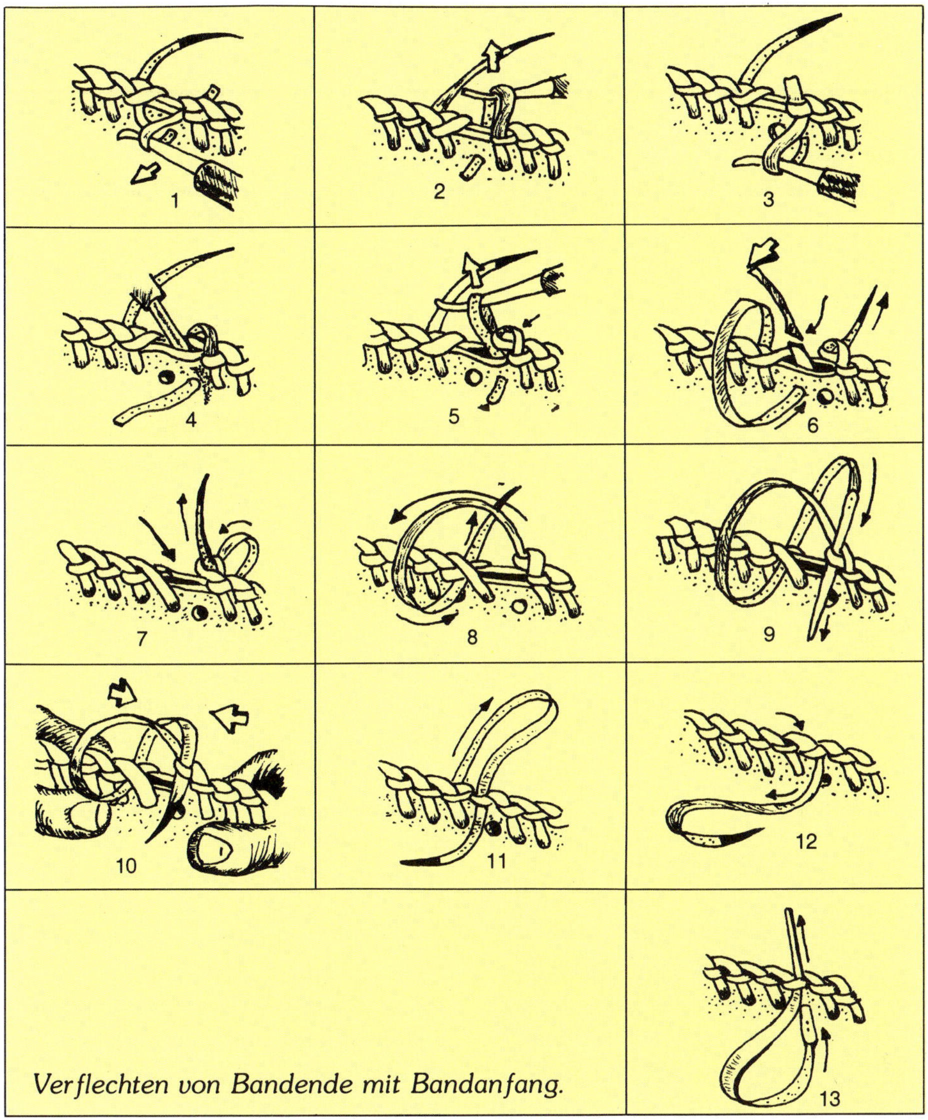

1

2

3

4

5

6

7

8

9

10

11

12

Verflechten von Bandende mit Bandanfang.

13

Ein Bild- und Ausweistäschchen, mit dem Doppelschlingenstich zusammengeflochten.

Flechtarbeiten aus Buntleder

Diese einfachen Flechtarbeiten sind speziell für Kinder gut geeignet.

Geldbörsen, Kammetuis, Buchhüllen, Brustbeutel, Schlüsseltäschchen, Kofferanhänger, Ausweistäschchen, Füllhalteretuis und vieles andere mehr gibt es in den verschiedensten Aufmachungen als Bastelpackungen im Fachgeschäft, in Kaufhäusern oder in SB-Märkten zu kaufen.

In diesen Bastelpackungen sind bereits alle Materialien enthalten, die für diese Flechtarbeiten benötigt werden, so die vorbereiteten Teile des Lederartikels, Flechtband und andere Utensilien.

Bevor man mehrere Teile zusammenfügt, sollte man diese lochgerecht aufeinander legen und leicht mit Klebstoff ankleben. Dies verhindert ein Verrutschen während der Flechtarbeiten.

Vor dem eigentlichen Zusammenflechten der Lederteile empfiehlt es sich, das Flechtband spitz zuzuschneiden. Das Zusammennähen erfolgt mit dem Peit-

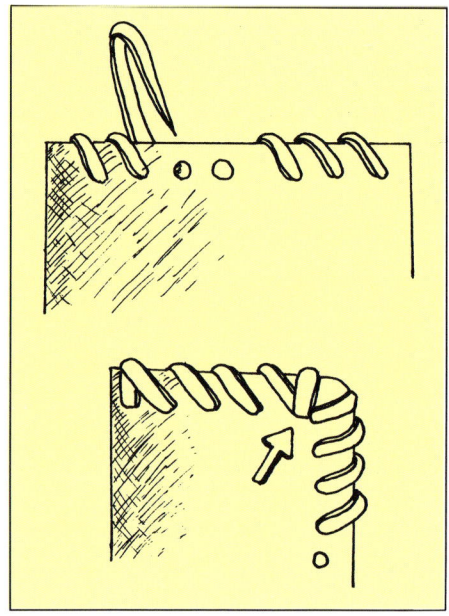

schenstich (siehe Kapitel »Flechten«). Der Anfang des Flechtbandes wird entweder verknotet, verklebt, oder mit in die nachfolgenden Flechtstiche eingeflochten.

Die jeweiligen Ecklöcher sollten doppelt durchflochten werden, um eine schöne Eckkante zu erreichen.

Um eine schöne Eckkante zu erreichen, werden die jeweiligen Ecklöcher zwei- bis dreimal durchflochten.

Dieses Buntleder eignet sich nicht für Präge- oder Schneidearbeiten, da der Abdruck nicht dauerhaft im Leder bleibt.

Dennoch kann man den zusammengenähten Artikel noch verschönern. Mit speziellen Lederfarben kann man die Oberfläche bemalen, oder man schneidet dekorative Blüten, Blätter oder ähnliche Motive aus Lederresten aus und klebt diese auf das Leder und fertig sind hübsche kleine Gebrauchsgegenstände.

Rechte Seite: Eine Auswahl an Bastelpackungen von Buntlederartikeln. Besonders geeignet für Kinder im Vorschulalter.

Lederbesticken für Kinder

In Bastelgeschäften, aber auch in Kaufhäusern oder in Spielwarengeschäften, sind Buntlederartikel mit vorgelochten Motiven erhältlich, die zum Besticken für Kinder geeignet sind.

Eine Bastelpackung besteht aus dem Lederartikel mit vorgelochtem Motiv, Flechtband, verschieden farbiger Wolle und einer Sticknadel.

Zuerst werden die Außenlinien der Motive umstickt. Von hinten beginnend, wird von Loch zu Loch das Motiv fertiggestickt. Das Ende der Wolle wird auf der Rückseite vernäht und verknotet.

Um die einzelnen Innenflächen auszusticken, stickt man möglichst dicht durch die Außenfäden, daß sich eine gleichmäßig ausgefüllte Innenfläche ergibt.

Grundausstattungskasten für Kinder. Die Motive sind vorgelocht.

Anschließend werden die Teile mit dem Vorder-, Peitschen- oder Doppelschlingenstich zusammengeflochten. So können Kinder schnell und einfach Gebrauchsartikel aus Leder farbig verzieren.

In den jeweiligen Bastelpackungen sind zwei Mustervorschläge enthalten. Hier wurde das Pilzmotiv verwendet.

Man beginnt mit dem Sticken des vorgelochten Musterrandes.

Das Innere der Motive wird farbig ausgestickt.

Lederbesticken nach Vorlage

Eine weitere Art der Lederverzierung besteht darin, die Lederoberfläche zu besticken. Hierfür wird nicht zu dickes Buntleder verwendet.

Wer Freude an Stickarbeiten hat kann sich dazu Motiv und Muster selbst entwerfen oder durch Vorlagen anregen lassen. Durch die Vielzahl der Stickstiche und Farbkombinationen sind der eigenen Phantasie keine Grenzen gesetzt.

Auch bei dem Lederbesticken können die Buntlederartikel mit Buchstaben oder Namen versehen werden. Oder man entscheidet sich für ein neutrales Muster, wie den Paradiesvogel auf schwarzem Untergrund.

Rechte Seite: Ein paar Stunden Arbeit sind schon notwendig, um diese schönen Buchhüllen fertigzustellen. Das Garn ist in den Bastelpackungen bereits enthalten.

Arbeitsmaterial für Stickarbeiten

Buntlederartikel

Es gibt Bastelpackungen für Buchhülle, Füllhalter-Etui, Bild- und Ausweistäschchen oder Geldbörse (das Angebot wird noch erweitert). In diesen Bastelpackungen ist das gesamte Material, das man für diese Technik benötigt, enthalten.

Man kann aber auch, da man sicher Wollreste und eine Sticknadel zu Hause hat, einen anderen Buntlederartikel kaufen und besticken.

Die Lederstärke soll nicht zu dick sein, da das Durchstechen der Nadel bei zu dickem Leder zu schwierig ist.

Nadeln

Für diese Technik benötigt man 2 Sticknadeln in verschiedener Ausführung. Eine dickere Nadel ist für das Vorstechen der Löcher bestimmt, die dünnere zum eigentlichen Sticken.

Hammer

Um das Vorlochen der Sticklöcher zu ermöglichen, wird ein kleiner Hammer benötigt. Die Kappe des Hammers kann aus Eisen oder aus Hartkunststoff bestehen. Ein Holzhammer sollte nicht verwendet werden.

Verschiedenfarbiges Garn

Die Zusammenstellung der Garnfarben richtet sich nach dem Motiv und nach der Farbe des Buntlederartikels. Besser ist es, mit kontrastreichen Farben zu arbeiten, wenn die Lederfläche auch einen starken Farbton aufweist. Dezentere Farben sollten genommen werden, wenn auch das Buntleder einige Pastelltöne aufweist.

Transparentpapier

Zum Aufzeichnen und Durchpausen des Motives ist ein Transparentpapier erforderlich.

Hilfsmaterialien

Um ein Verrutschen des Transparentpapiers auf dem Leder zu vermeiden, nimmt man Büroklammern oder einen durchsichtigen Klebefilm.

Die Ledersticktechnik

Der erste Arbeitsgang ist das Übertragen des Motivs auf das Transparentpapier. Ob man sich für Namen, Initialen, Tier-, Blumen- oder geometrische Motive entscheidet, bleibt der eigenen Phantasie überlassen. Vorlagen gibt es in Zeitschriften, in Büchern oder in Illustrierten.

Zuerst paust man das Muster auf das Transparentpapier durch und legt anschließend das Transparentpapier auf die Oberfläche des Leders. An den Seiten wird es mit Büroklammern oder Klebefilm befestigt.

Damit die Unterlage nicht beschädigt wird, empfiehlt es sich, ein Holzbrett oder ein Stück Pappe unterzulegen.

Das ausgesuchte Muster wird auf Transparentpapier durchgezeichnet.

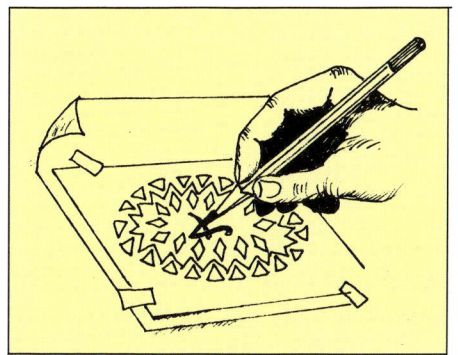

Mit der dickeren Nadel werden die Sticklöcher vorgelocht.

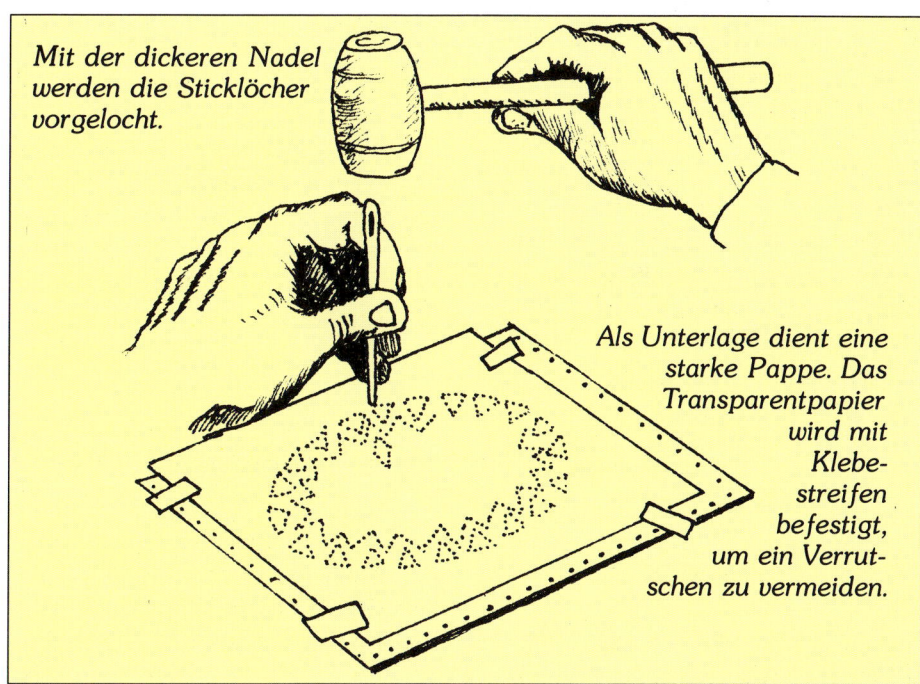

Als Unterlage dient eine starke Pappe. Das Transparentpapier wird mit Klebestreifen befestigt, um ein Verrutschen zu vermeiden.

Nun nimmt man die dickere Nadel zur Hand und klopft mit dem kleinen Hammer im Abstand von ca. 1 bis 2 mm Löcher entlang der vorgezeichneten Linien in das Leder. Dieses Vorstechen erleichert die eigentlichen Stickarbeiten.

Wenn alle Linien mit Löchern versehen sind, wird das Garn und die dünnere Nadel zur Hand genommen. Man sticht von Loch zu Loch im Steppstich. So werden alle Umrisse der Motive bestickt (Zeichnung 1).

Sind alle Formlinien ausgestickt, beginnt man mit dem Aussticken des Motivs. Im Blattstich wird nun durch die äußeren Garnfäden von Rand zu Rand gestickt und die Flächen damit ausgefüllt. Es empfiehlt sich, eine Stickrichtung beizuhalten (Zeichnung 2).

Auch Namen oder Initialen werden in der gleichen Weise auf das Leder übertragen. Der oder die Buchstaben werden auf ein Transparentpapier gezeichnet, die Linien in 1 bis 2 mm Abstand vorgestochen und dann mit buntem Garn bestickt.

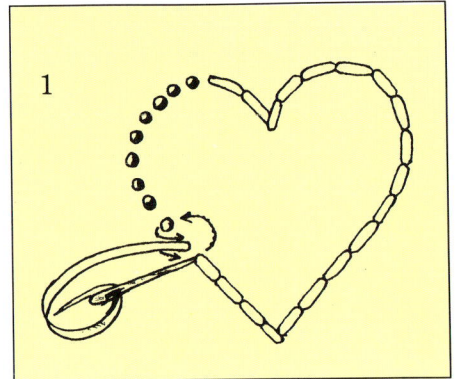

Bezugsquellenhinweis

Lederartikel und Werkzeuge sind in Bastelgeschäften und Hobbyabteilungen der Kaufhäuser erhältlich. Händlernachweis durch die Firma Kromwell, Pealart GmbH, Thumenberger Weg 26, 8500 Nürnberg 20.

Für jeden etwas...

Praktische Gebrauchsbücher stehen Ihnen, lieber Leser, mit Rat und Information zur Seite, wenn es darum geht, Fragen des täglichen Lebens zu beantworten.

Die hervorragende Sachkenntnis und die verständliche Sprache unserer Fachautoren sind ebenso selbstverständlich wie die sorgfältige Ausstattung unseres großen Buchprogramms. Damit bietet Ihnen der Falken-Verlag Bücher zum Lesen und Nachschlagen, mit denen Sie Ihr Leben aktiv und erfolgreich gestalten können.

Trockenblumen und Gewürzsträuße
(Best.-Nr. 5084) DM 9,80

Kleingebäck
(Best.-Nr. 5089) DM 9,80

Phantasieblumen
(Best.-Nr. 5091) DM 9,80

Brotspezialitäten
(Best.-Nr. 5088) DM 9,80

Raffinierte Steaks
(Best.-Nr. 5043) DM 9,80

Schmuck und Objekte aus Metall und Email
(Best.-Nr. 5078) DM 16,80

Spanische Küche
(Best.-Nr. 5037) DM 9,80

Zugeschaut und mitgebaut 1 – 4
(Best.-Nr. 5031, 5061, 5077, 5093)
je DM 14,80

Kalte Happen und Partysnacks
(Best.-Nr. 5029) DM 9,80

Gemüse und Kräuter
(Best.-Nr. 5024) DM 9,80

Hobby Holzschnitzen
(Best.-Nr. 5101) DM 14,80

Kinder lernen spielend kochen
(Best.-Nr. 5096) DM 9,80

Das neue Hundebuch
(0009) Von W. Busack, überarbeitet von Dr. med. vet. A. Hacker, 104 S., zahlreiche Abb. auf Kunstdrucktafeln, kart., DM 6,80

Mietrecht
Leitfaden für Mieter und Vermieter
(0479) Von Johannes Beuthner, 196 S., kart., DM 12,80

Scheidung und Unterhalt
nach dem neuen Eherecht
(0403) Von Rechtsanwalt H.T. Drewes, 104 S., mit Karten und Unterhaltstab., kart., DM 7,80

Der neue Briefsteller
(0060) Von I. Wolter-Rosendorf, 112 S., kart., DM 5,80

Die erfolgreiche Bewerbung
(0173) Von W. Manekeller, 152 S., kart., DM 8,80

Verse fürs Poesiealbum
(0241) Von Irmgard Wolter, 96 S., 20 Abb., kart., DM 4,80

Knobeleien und Denksport
(2019) Von Klas Rechberger, 142 S., viele Zeichnungen, kart., DM 7,80

Heimwerker-Handbuch
Basteln und Bauen mit elektrischen Heimwerkzeugen
(0243) Von Bernd Käsch, 204 S., 229 Fotos und Zeichnungen, kart., DM 9,80

Großes Rätsel-ABC
(0246) Von H. Schiefelbein, 416 S., gbd. DM 16,80

Stricken, häkeln, loopen
(0205) Von Dr. Marianne Stradal, 96 S., 100 Abb., kart., DM 5,80

Tennis
Technik – Taktik – Regeln
(0375) Von Harald Elschenbroich, 112 S., 81 Abb., kart., DM 6,80

Wie soll es heißen?
(0211) Von Dr. Köhr, 88 S., kart., DM 5,80

Beliebte und neue
Kegelspiele
(0271) Von Georg Bocsai, 92 S., 62 Abb., kart., DM 4,80

Vorbereitung auf die Geburt
Schwangerschaftsgymnastik, Atmung, Rückbildungsgymnastik
(0251) Von Sabine Buchholz, 112 S., 98 Fotos, kart., DM 6,80

Spaß am Laufen
Jogging für die Gesundheit
(0470) Von Werner Sonntag, 120 S., 36 Abb., kart., DM 6,80

Glückwünsche, Toasts und Festreden zur Hochzeit
(0264) Von Irmgard Wolter, 88 S., kart., DM 4,80

Spielend Schach lernen
(2002) Von Theo Schuster, 128 S., kart., DM 6,80

Spiele für Kleinkinder
(2011) Von Dieter Kellermann, 80 S., kart., DM 5,80

Selbst tapezieren und streichen
(0289) Von Dieter Heitmann und Jürgen Geithmann, 116 S., 67 Abb., kart., DM 6,80

Von der Verlobung zur Goldenen Hochzeit
Vorbereitung – Festgestaltung – Glückwünsche
(0393) Von Elisabeth Ruge, 120 S., kart., DM 6,80

Bruce Lees Kampfstil 2
Selbstverteidigungs-Techniken
(0486) Von Bruce Lee, M. Uyehara, 128 S., 310 Fotos, kart., DM 9,80

Pilze
erkennen und benennen
(0380) Von J. Raithelhuber, 136 S., 106 Farbfotos, kart., DM 9,80

Falken-Handbuch Pilze
Mit über 250 Farbfotos und Rezepten
(4061) Von Martin Knoop, 276 S., 250 Farbfotos, 28 Zeichnungen, gbd. DM 36,–

Ziervögel
in Haus und Voliere
Arten · Verhalten · Pflege
(0377) Von Horst Bielfeld, 144 S.,
32 Farbfotos, kart., DM 9,80

Beeren und Waldfrüchte
erkennen und benennen –
eßbar oder giftig?
(0401) Von J. Raithelhuber, 136 S.,
90 Farbfotos, 40 s/w, kart., DM 16,80

Arzneikräuter und Wildgemüse
erkennen und benennen
(0459) Von J. Raithelhuber, 140 S.,
108 Farbfotos, kart., DM 12,80

Tee für Genießer
(0356) Von Marianne Nicolin, 64 S.,
4 Farbtafeln, kart., DM 5,80

Fred Metzlers
Witze mit Pfiff
(0368) 120 S., Taschenbuchformat,
kart., DM 5,80

Selbst Brotbacken
mit über 50 erprobten Rezepten
(0370) Von Jens Schiermann, 80 S.,
mit 6 Zeichnungen und 4 Farbtafeln,
kart., DM 6,80

Kalorien · Joule
Eiweiß · Fett · Kohlenhydrate
tabellarisch nach gebräuchlichen
Mengen
(0374) Von Marianne Bormio, 88 S.,
kart., DM 4,80

Zimmerpflanzen
(5010) Von Inge Manz, 64 S.,
98 Farbabb., Pbd. DM 9,80

Die 12 Sternzeichen
Charakter, Liebe und Schicksal
(0385) Von Georg Haddenbach,
160 S., gbd., DM 9,80

**Möbel aufarbeiten, reparieren
und pflegen**
(0386) Von E. Schnaus-Lorey,
96 S., 104 Fotos und Zeichnungen,
kart., DM 6,80

Selbst Wahrsagen mit Karten
Die Zukunft in Liebe, Beruf und
Finanzen
(0404) Von Rhena Koch, 112 S.,
viele Abb., Pbd, DM 9,80

Einkochen
nach allen Regeln der Kunst
(0405) Von Birgit Müller, 96 S.,
8 Farbtafeln, kart., DM 6,80

Die besten
Tierwitze
(0496) Herausgegeben von
Peter Hartlaub und Silvia Pappe,
112 S., 25 Zeichnungen, kart., DM 5,80

Tauchen
Grundlagen – Training – Praxis
(0267) Von W. Freihen, 144 S.,
71 Fotos und Farbtafeln, kart., DM 9,80

Moderne Schmalfilmpraxis
Ausrüstungen · Drehbuch · Aufnahme
Schnitt · Vertonung
(4043) Von Uwe Ney, 328 S., mit über
200 Abb., teils vierfarbig,
gbd., DM 29,80

Windsurfing
Handbuch für Grundstein und Praxis
(5028) Von Calle Schmidt, 64 S.,
über 50 Abb., durchgehend vierfarbig,
Pbd., DM 9,80

Reiten
Vom ersten Schritt zum Reiterglück
(5033) Von Herta F. Kraupa-Tuskany,
64 S., mit vielen Zeichnungen und
Farbabb., Pbd., DM 9,80

Die Selbermachers
renovieren ihre Wohnung
(5013) Von Wilfried Köhnemann,
148 S., 374 Farbabb., Zeichnungen
und Fotos, kart., DM 14,80

Bauernmalerei
leicht gemacht
(5039) Von Senta Ramos, 64 S.,
78 vierfarbige Abb., Pbd., DM 9,80

Großes Getränkebuch
Wein · Sekt · Bier und Spirituosen
aus aller Welt, pur und gemixt
(4039) Von Claus Arius, 288 S.,
mit Register, 179 teils großformatige
Farbfotos, Schuber, gbd., DM 58,–

Die besten
Ostfriesenwitze
(0495) Herausgegeben von
Onno Freese, 112 S., 17 Zeichnungen,
kart., DM 5,80

Moderne Fotopraxis
Bildgestaltung · Aufnahmepraxis ·
Kameratechnik · Fotolexikon
(4030) Von Wolfgang Freihen, 304 S.,
mit 244 Abb., davon 50 vierfarbig,
Balacron mit vierfarbigem Schutz-
umschlag, abwaschbare Polylein-
prägung, DM 29,80

Falken-Handbuch spielen
drinnen und draußen, für jung und alt
(4034) Von Heinz Görz, 430 S.,
mit 370 farbigen Zeichnungen,
gbd., DM 36,–

CB-Code
Wörterbuch und Technik
(0435) Von Richard Kerler, 120 S.,
mit technischen Abb., kart., DM 7,80

Münzen
Ein Brevier für Sammler
(0353) Von Erhard Dehnke, 128 S.,
30 Abb. – teils farbig –, kart., DM 9,80

Naive Malerei
leicht gemacht
(5083) Von Felizitas Krettek,
64 S., 76 Farbfotos, Pbd., DM 9,80

Balkons in Blütenpracht
zu allen Jahreszeiten
(5047) Von Nikolaus Uhl, 64 S.,
82 vierfarbige Abb., Pbd., DM 9,80

Grillen
drinnen und draußen
(4047) Von Claus Arius, 152 S.,
30 Farbtafeln in flexiblen Karton,
gbd., DM 12,80

Moderne Korrespondenz
(4014) Von H. Kirst und W. Manekeller,
570 S., gbd., DM 39,–

Die Frau als Hausärztin
(4072) Von Dr. med. Anna Fischer-
Dückelmann, 808 S., 16 Farbtafeln,
174 Fotos, 238 Zeichnungen, DM 58,–

Kalte Platten
(4064) Von Maître Pierre Pfister,
240 S., 135 großformatige Fotos,
gbd., DM 48,–

Judo
Grundlagen-Methodik
(0305) Von Mahito Ohgo, 204 S.,
mit 1025 Fotos, kart., DM 14,80

Sportfischen
Fische – Geräte – Technik
(0324) Von Helmut Oppel, 144 S.,
mit 49 Fotos, Abb., und 8 Farbtafeln
kart., DM 9,80

Katzen
Rassen · Haltung · Pflege
(4216) Von Brigitte Eilert-Overbeck,
96 S., 82 großformatige Fotos,
Pbd., DM 19,80

Das Aquarium
Einrichtung, Pflege und Fische für
Süß- und Meerwasser
(4029) Von Hans J. Mayland, 334 S.,
mit über 415 Farbabb. und Farbtafeln
sowie 150 Zeichnungen und Skizzen,
gbd., DM 36,–

Hunde-Ausbildung
Verhalten – Gehorsam – Abrichtung
(0346) Von Prof. Dr. R. Menzel,
96 S., 18 Fotos, kart., DM 7,80

Faszinierende Formen und Farben
Kakteen
(4211) Von Katharina und Franz Schild,
96 S., 127 großformatige Farbfotos,
Pbd., DM 19,80

Astrologie
Charakterkunde – Schicksal, Liebe
und Beruf – Berechnung und
Deutung von Horoskopen-
Aszendenttabelle
(4068) Von B. A. Mertz, mit einem
Geleitwort von Hildegard Knef, 342 S.,
mit erläuternden Grafiken,
gbd., DM 29,80

Das farbige Kinderlexikon
von A–Z
(4059) Herausgegeben von
Felicitas Buttig, 392 S., 386 farbige
Abb., Pbd., DM 29,80